文化融合思维与英语教学研究

时耀红　著

中国建材工业出版社
北　京

图书在版编目（CIP）数据

文化融合思维与英语教学研究 / 时耀红著. -- 北京：中国建材工业出版社，2023.12
ISBN 978-7-5160-3995-3

Ⅰ. ①文… Ⅱ. ①时… Ⅲ. ①英语－教学研究－高等学校 Ⅳ. ①H319.3

中国国家版本馆 CIP 数据核字(2023)第 243912 号

文化融合思维与英语教学研究
Wenhua Ronghe Siwei yu Yingyu Jiaoxue Yanjiu
时耀红　**著**

出版发行：中国建材工业出版社
地　　址：北京市海淀区三里河路 1 号
邮　　编：100044
经　　销：全国各地新华书店
印　　刷：北京传奇佳彩数码印刷有限公司
开　　本：787mm×1092mm　1/16
印　　张：9.5
字　　数：129 千字
版　　次：2024 年 5 月第 1 版
印　　次：2024 年 5 月第 1 次
定　　价：59.80 元

本社网址：www.jccbs.com，微信公众号：zgjcgycbs
请选用正版图书，采购、销售盗版图书属违法行为

本社法律顾问：北京天驰君泰律师事务所，张杰律师
举报信箱：**zhangjie@tiantailaw.com**　举报电话：**（010）68343948**
本书如有印装质量问题，由我社市场营销部负责调换
联系电话：**（010）88386906**

前言

随着人类社会的发展，加之信息交流的渠道逐渐拓宽，使世界文化交融的趋势不断加深，世界文化的发展也逐渐显示出多元融合的态势。英语作为世界文化的一个重要组成部分，在我国外语教学中占据着重要的地位。语言学界和外语教育界一直对文化与交际的关系十分关注。外语学习与使用的过程，就是一个跨文化交际的过程。随着社会对人才标准要求的提高，英语学习者的语言应用能力也备受关注，传统的英语教学更加重视语言知识的传授，而忽视语言所依托的文化背景。实际上，文化与语言的关系是密切的，语言含有丰富的文化内涵。语言既是文化的载体、文化的积淀，又是文化的重要组成部分。英语教学需要培养的是有一定文化自觉和文化感知力的交际者，从而使学生意识到文化学习的重要性，拓宽学生的视野，使学生对不同文化的理解化为在实际语言交际中的自觉运用，并建立自己的文化身份、提高自己的跨文化交际能力。

本书主要讲述文化融合思维与英语教学研究，从语言与文化入手，对中西方思维方式的差异及其对跨文化交际的影响、文化融合教育与英语教学、文化融合与英语教学研究、文化融合与英语教学模式创新、英语教学与跨文化交际融合的新发展等方面教学详细论述。本书具有知识新颖、内容丰富、贴近实际、注重素质培养和能力提升等特点。

在编写本书的过程中，笔者查阅和借鉴了大量的相关资料，在此向其作者表示诚挚的感谢。此外，本书在编写的过程中，也得到了相关专家和同行的支持与帮助，在此一并致谢。由于作者水平有限，加之时间仓促，书中难免出现纰漏，敬请广大读者批评指正。

目录

第一章 语言与文化

第一节 文化的定义及特征

不同的文化是影响跨文化交流的重要环节，语言研究的首要问题是语言的定义，对一种语言本质上的认识直接影响到英语教学原则的制订，以及教学方法的规划等。文化交融是在交际能力的前提下，对交际能力的拓展。文化、交际、语言这三者之间的关系是文化交融研究的重中之重。

在研究跨文化之前，首先要研究文化的概念，了解如何界定文化。泰勒是文化人类学的奠基者，他在 1871 年发表了著作《原始文化》，在该书中他提到较为广泛、精确的文化定义：文化或文明，就其广泛的民族学意义来说，乃是包括知识、艺术、信仰、道德、法律、习俗和任何人作为一名社会成员而获得的能力和习惯在内的复杂整体。人类学家认为，文化代表了一个民族的一种生活方式，是他们习得的行为模式、态度和物质材料的总和。而作为跨文化交际学的奠基者霍尔在他的《无声的语言》一书中指出，文化便是交流，交流就是文化；文化并不是单一的事物，它是多种事物的融合体；人和人之间靠文化这条纽带连接，同时它也是一种媒介。人们在显性、隐性和技术性三个层面上运行，有学者采用特殊定义的方法来定义文化，他们认为文化是以各种现有的规范，通过显性和隐性的方式呈现出来，社会群体又和文化相关，文化影响着人们的行为和对行为的各种解释；文化是在人和人的互动中建立起来的。胡文仲先生则提出：文化包括信念、价值观念、习俗、知识，也包括实物和器具；价值观是文化中最深层次的部分，文化的核心是价值观念，因此可以根据不同的价值观念对不同文化进行划分。文化支配着人们的行动，是他们行动的指南，文化决定着人们的一言一行，它也不是生来就有的，是通过后天的积淀而形成的。

一、文化的基本内涵

文化是很多人文学科的研究范畴之一，如：语言学、哲学、社会学、人类学等。而要对人类文化现象进行全面研究的任务则属于文化学。文化学主要研究人类文化现象的产生，人类文化各个层面或子系统之间的相互联系和关系，以及文化现象和自然现象之间的相互联系和关系；综合考察，揭示人类文化的整体结构、特征及其发展演变规律，发现这些文化现象背后的共同本质与普遍规律。文化学的研究成果为跨文化交际研究及语言文化研究提供了理论依据。要想理解文化的本质就必须了解文化的定义、特点、分类等基本内涵。

人们从不同的角度对文化的理解各不相同。人们对这个词最通常的理解是：形容受教育的程度——有文化或没文化，描述某种现象——流行文化，概括某种思潮——朋克文化。文化的定义是学者们长期以来争论的话题，至今也没达成共识。半个世纪以前，美国学者克鲁伯与克拉克洪在他们的著作《文化，关于概念和定义的评述》中总结了学者们从不同学科的角度给文化下的 164 条定义。而到目前为止，文化定义的数量已增至近 300 种。由于本书篇幅有限，只能列出几种有代表性的说法。

（一）字典释义

《辞海》将文化分为广义文化和狭义文化。具体定义是：广义文化指人类社会历史实践过程中所创造的物质财富和精神财富的总和；狭义文化指社会的意识形态，以及与之相适应的制度和组织机构，有时也特指教育、科学、文学、艺术等方面的精神财富。《现代汉语词典》中文化的定义为：人类在社会历史发展过程中所创造的物质财富和精神财富的总和，特指精神财富，如文学、艺术、教育、科学等；指运用文字的能力及一般知识。《牛津双解词典》中文化的定义是：艺术或其他人类共同的智慧结晶。这一定义主要从智力产物角度阐释文化内涵，即所说的大写C所代表的高层次文化，如文学、艺术、政治等。《美国传统词典》中文化的定义是：人类文化是通过社会传导的行为方式、艺术、信仰、风俗，以及人类工作和思想的所有其他产物的整体。这一定义涵盖的范围较为宽泛，既包括大写C所代表的高层次文化，又涵盖小写C所代表的低层次文化，如风俗、传统、行为、习惯等。

（二）词源释义

英文中的"culture"，以及德语中"kultur"源于拉丁语"cultus"，而"cultus"源于词干"cor"。"cultus"的词意包括耕种、居住、练习、留心或注意，以及敬畏神灵的意思。从"cultus"的词汇意义来看，文化所指不仅包括物质文化，而且还包括精神文化。在古代，敬神和耕种关系密切，耕种与居住是物质文化的要素，敬神与哲学是精神文化要素。因此，本义是土地开垦、植物栽培的"culture"，引申为对人的身体和精神的开发和培养，进而泛指人们的生活方式、思维方式及人们在征服自然和自我发展中创造的物质财富及精神财富。

（三）爱德华·泰勒的定义

英国人类学家爱德华·泰勒在其著作《原始文化》中对文化进行了定义：文化是一个复杂的综合体，包括知识、艺术、宗教、神话、法律、风俗，以及人类在社会里所得一切的能力与习惯。很多学者认为这一定义忽略了文化在物质方面的要素。也有学者认为，泰勒的定义中虽然没有体现物质文化，但他在《原始文化》中使用很多物质文化的例子来解释他的理论。

（四）克鲁伯和克拉克洪的定义

人类学家克鲁伯和克拉克洪在他们的著作《文化，关于概念和定义的评述》中，在总结了当时角度各异、内容或抽象或具体的文化定义之后，提出了他们自己对文化的看法。他们对文化的定义是：文化由外显和内隐的行为模式构成；这种行为模式通过象征符号而获得和传播；文化代表了人类群体的显著成就，包括它们在人造器物中的体现；文化的核心部分是传统观念，尤其是它们带来的价值观念；文化体系一方面可以看作是活动的产物，另一方面则是进一步活动的决定性因素。这一定义几乎涵盖了人类生活的方方面面，文化指导人们对待他物的态度和行为。每个人的生活、行为在绝大部分情况下，都渗透有他人的经验，而这正是文化的形式。克拉克洪甚至认为文化是人们行为的蓝图。

（五）萨姆瓦、波特等人的定义

萨姆瓦、波特等人在其著作《跨文化交际》中将文化定义为：经过若干个世纪以来个人与集团的努力，被大多数人所继承的知识、经验、信念、价值观、态度、意义、阶级、宗教、时间观念、角色分工、空间的运用、世界观、物质财富等的总体。文化表现在居住在特定社会的人们的日常行为中，表现在作为交际形态的行为方式中；还表现在所使用的语言当中。在这个定义中，包括了时间观念、空间的运用、行为方式等交际中的重要内容。

（六）关于文化的比喻

有些学者将文化比喻成海上的冰山，显露在海面上的只是一部分肉眼所能看得见的东西，如物质生活、衣食住行、社会活动、言语行为、非言语行为、风俗礼仪等。而隐藏在海平面下的却是用肉眼难以看得到的东西，那就是价值观和世界观。轮船撞上冰山沉入海底，多半是撞到了海平面下的冰山。在跨文化交际中发生问题的时候，仔细观察和分析就会发现，它们往往是在价值观、世界观发生对立的时候。我们在平时的生活中几乎都没有意识到文化的影响，这是因为我们从小生长在自己国家的文化当中，文化的各种影响自然而然地扎根在我们的头脑里面。如果知道了“文化就是我们的生活方式本身”，就一定会感受到文化的存在。文化的定义和解释从抽象到具体，从物质到精神，可以说是林林总总，难以尽数。文化涵盖的内容应该作为教学内容渗透于语言教学之中，实现以培养语言应用技能为目的、以跨文化交际知识为内容的教学要求。

二、文化的特征

对于文化的特征也是仁者见仁，智者见智。胡文仲认为，文化既有传承的一方面，也有发展变化的一方面，一定历史时期有一定的文化形态。文化有相对固定的特点，但是也处于一种变化中。还有学者提出了文化的“二分法”，他们指出，人类文明追求的目标就是文化的多元性，在今天全球化的大环境下，承认文化的多样性是实现文化平等的前提，文化之间要相互融合但是不能兼并，要积极地采取对话，承认彼此的不同，发现对方文化的优点，客观对待外来文化。每种文化都有其独特的民族性，它影响着一个民族的生活观和价值观及行为方式，而且民族文化没有高低贵贱之分，不同的民族使用着本民族的语言，用不同的交流方式和规则向别人传递自己的文化价值观念。

萨姆瓦等学者认为，无论人们给文化下多少个不一样的定义，但对于文化的特点，绝大多数人观点是一致的。萨姆瓦等学者列出了七个被认可的特点：文化是习得的，文化是世代传承的，文化是以文字符号为基础的，文化是变化的，文化具有整体性，文化具有民族中心主义倾向，文化具有适应性。文化学研究者还指出了另外一个重要特点，即文化是社会成员所共有的。下面将简要介绍文化的七个特点。

（一）文化不是与生俱来的，而是后天习得的

一个人具有什么文化并不取决于他的种族、肤色，而是取决于他生活的文化环境。例如，人有食欲要吃饭是天生的，而对什么样的食物产生食欲、如何烹饪食物、如何吃，却是在自己的社会文化中学习掌握的。人的姿势和动作有许多是和文化相关联的。日本人见面时喜欢鞠躬致意，拉美人常用脱帽致意。这样看来，人的大部分行为是后天学习的结果。

（二）文化是传承的，是社会的遗产

文化要存在并延续下去，前提条件是它必须保证其关键信息能传承下去。如果社会的一些核心价值观念存在了多年，那么就应该让它们代代相传。文化和交际是紧密联系着的，交际能使文化延续。文化能将现代人与祖先和后代联系到一起。

（三）文化是以文字符号为基础的

克拉克洪（Kluckhohn）曾经说：“如果没有语言，人类的文化是不可想象的。”在没有文字的社会，人们通过口头语言将自己的经验、知识、信仰、观念一代一代地传下去。有了文字以后，则通过文字的形式将文化记录下来传给后代。由于文化的传承性，任何一个社会的文化都包含了历史的积淀。

（四）文化是可以变化的

文化是一个动态系统，它不是存在于真空状态下，所以会变化。文化不断地遭受外部思想观念的冲击，产生变化在所难免。文化通过三种机制产生变化：文化革新，文化渗透，文化移入。

（五）文化具有整体性

文化是一个系统，是一个整体。正如霍尔（Hall）所说：“你只触碰文化的某一个点，其他所有部分都会受到影响。”

（六）文化具有适应性

所有的文化都有很强的生存能力，这是因为他们具备的自我调节功能足以保证他们适应新的形势。过去几个世纪中发生的一些历史事件使犹太人分散到世界各地，但犹太文化并没有就此消失，相反它适应了新的环境并完好地保存下来。

（七）文化是社会成员所共有的

人的行为方式，只有变成了社会普遍现象才能算得上是文化。即使某个人掌握了特殊的行为方式，如果不为广大的社会成员认可并且共有

的话，那就不是文化。

三、文化的分类

文化的构成比较复杂，既包括可见实体又包括抽象概念，这导致了文化分类方式的多样性。文化分类的实质是文化成分或构成文化的要素的分类。目前在学术界最主要的分类方式有：狭义文化与广义文化，知识文化与交际文化，东方文化与西方文化，等等。

（一）狭义文化与广义文化

学术界根据文化的层次和范围划分了狭义文化与广义文化。狭义文化是指人类精神生产能力和精神劳动产品，涵盖一切社会意识形态，主要构成人类精神活动和思维活动所创造的精神财富的总和。它包括语言、哲学、文学、美术、音乐、宗教、科技、教育等。广义文化包括物质文化和精神文化两个方面，与哲学不同，文化学不关注精神和物质谁先谁后的问题，而是研究物质和精神方面的文化产品。精确地说，广义文化包括人类物质生产和精神生产能力，以及物质与精神全部产品。物质文化代表一个民族在一定时期所达到的生产水平，如旧石器文化、新石器文化、青铜器文化、铁器文化、农业文化、工业文化等。

（二）知识文化与交际文化

这种分类主要是基于文化在教学中的功能。赵贤洲、张占一等学者曾经对知识文化和交际文化做过描述。赵贤洲在文章中写道：“所谓知识文化，主要指非语言标志的，对两种不同文化背景的人进行交际时不产生严重影响的文化知识。所谓交际文化，主要指两种文化的人进行交际时直接发生影响的言语中所蕴含的文化信息，即词、句、段中有语言轨迹的文化知识。”张占一认为：“所谓知识文化，指的是那种两个不同文化背景培养出来的人进行交流时，对某词、某句的理解和使用不产生直接影响的文化背景知识。所谓交际文化，指的是在两种不同文化背景熏陶下的人，在交际时，由于缺乏有关某词、某句文化背景知识而发生误解。这种直接影响交际的文化知识，我们称之为交际文化。”姜守明和洪霞在其著作《西方文化史》中指出：“交际文化与知识文化的概念是立足于跨文化交际理论之上的。用这种概念来考察在外语教学中某种文化因素的属性，就比较容易，也比较客观。当然，这个概念并非说，只有交际文化因素参与交际，而知识文化因素不参与交际。事实上，不能参与交际的文化因素是不存在的。只不过是在什么阶段、什么层次、什么场合，又以什么方式参与交际而已。知识文化因素以知识或文化内容的形式参与交际，而交际文化因素是以制约信息模式的形式参与交际的。”

（三）东方文化与西方文化

学者们从地理学、历史学和国际政治学的角度，按照地域的分布，将文化划分为东方文化与西方文化。东方文化的概念是：以中国儒家思想为代表的亚洲文化。西方文化的划分较为复杂，其概念包括：欧洲、北美等国家的文化；天主教和新教势力统治下的欧美国家的文化；工业发达国家的文化。在宏观上，东西方文化除了地域分布不同外，在文化起源、价值取向等方面也有差别。东方文化起源于儒、道、释。儒是指以孔子为代表的儒家思想，主张礼治，强调传统的伦常关系。道是指以老子、庄子为代表的道家思想，崇尚自然，主张清静无为，反对斗争，具有辩证法的因素和无神论的倾向。释是指佛教，崇尚“善、忍、宽容”。西方文化起源于古希腊文化、古罗马文化和中世纪基督教文化。古希腊文化主要包括古希腊史诗与神话、悲剧与喜剧、哲学与科学、建筑与雕刻艺术、奥林匹克精神等。古罗马文化主要包括罗马神话、罗马共和体制、拉丁文与罗马文学、罗马的建筑艺术、罗马的法学等。中世纪基督教文化主要包括《圣经》与三位一体教义、教派组织与宗教制度、基督教堂建筑艺术、基督教音乐等。

第二节 语言的定义与特征

一、语言的定义

语言研究的首要问题是语言的定义，所有和语言相关的研究或者相似的研究都是在对语言的根本性问题基础上进行的解答。对于语言的本质的理解直接影响到英语教学目标的制订、教学手段的运用方面。语言的定义多种多样，一般存在三种观点：工具论、结构论和功能论，三种观点从不同的角度定义语言。结构论将语言认为是一个完整的符号系统，是有结构的系统；工具论认为语言是一种工具，专门用来交流思想，是一种沟通的途径，是一种用来交际的手段；功能论则认为语言承担了社会文化的功能，语言具有社会性和文化性的特征。语言是人类认知世界及进行表达的方式和过程，这个概念直接强调了“过程”的重要性，认为语言是一种社会现象，是人和人之间进行交流的工具，是人和文化进行融合的一种媒介。语言是随着人类的发展而发展的，随着人类的变化而变化，语言和人类社会与文化有着非常密切的联系。

二、语言的特征

语言的本质特征一般有四点。第一，语言是人们进行交际的重要工具，语言只有在社会交往中才有生命可言，人们在使用语言的过程中才能真正学会使用某种语言。第二，语言是一个完整的符号系统，它由外在形式和内在意义组成。第三，语言是人类的文化载体和思维工具，思维是依赖于语言的，语言也是思维的过程和结果的一种表现形式，文化信息的代码是语言，一种语言的历史，也是该民族思维活动和文化发展的历史。第四，语言具有特殊的生理基础。这些特征从另一方面也可以认为语言有规则性、符号的表征性和意义出自说话者的变化性。具体来说，语言是一种符号，是一种实体的指示物，任何语言的结构都受制于一组规则，语法就是语言的规则。语言规则的差异，在跨文化交际过程中会产生无法想象的结果。

三、语言的功能

语言具有文化、思维和社会功能。语言是人类思维最重要的载体，人们通过语言认识、把握外部的世界，同时又在一定程度上受到语言的制约，语言具有文化的功能，即承载、传承、构建文化的功能；语言既是人的本质属性又是人的社会属性；人类不是以单纯的个体存在的，而是以文化的、社会的人存在的，语言作为人的本质属性存在着必然也决定其作为人的社会属性而存在。语言、教育和社会三者密切相连，是人类社会进步的重要保障。

因此，本书认为，语言是人类的交际工具和思维工具，是文化的载体，是人和社会融为一体的媒介；语言是一种符号系统，具有交际性、规则性和文化特征；同时语言具有交际、思维、文化和社会这些功能。

第三节　文化交际能力

对于交际的定义多种多样，交际一般是指社会交往的方式，具有创造性和不可预测性，出现在文章或者社会文化的情境中，有一定的目的性，使用真实的内容和材料，通过看结果来决定交际是否成功；交际是一种动态的、系统化的过程，意义在人们相互交往中通过符号被创建和反射。交际是人们相互交流信息、相互影响、共同构建意义和身份的过程。交际具有交互性，是一个动态的、互动的发展过程。交际与文化之间紧密联系，交际就是文化，文化也是一种交际过程。交际行为的本身具有文化特性，交际是文化的交际和传承及发展。本书认为，交际是人和人之间信息的交流，相互交往的动态过程。每时每刻人们都在进行交际，只要有人生存的地方，就有交际发生。日常生活中交际的例子数不胜数。人们谈话、打电话、网上聊天属于最典型的交际。婴儿啼哭是交际，它在向母亲传递“我饿了”或“我渴了”的意思。汽车驾驶员看到红灯立即停车，也是一种交际。交际无所不在，它是人类所有活动的基础。交际指的是人与人之间相互往来和交流信息的过程。不少学者对交际进行了定义，对交际过程提出了自己的看法。交际的定义基本上可以分为两个派别，一个是“说服”派，认为交际是传送者传递信息以影响接收者行为的过程；另一个是“共享”派，认为交际是信息共享的过程，即将少数人享有的信息化为多数人共有的信息的过程。在中文和英文中，交际都有相应的词汇和解释。中文的“交际”自古有之，《孟子·万章下》里有一句话：“敢问交际，何心也?”朱熹为之作释道：“际，接也。交际，谓人以礼仪币帛相交接也。”可见，古人崇尚的交际是人与人之间的“礼尚往来”。《现代汉语词典》将交际解释为“人与人之间的往来接触”。英文中的“交际”是“communication”，它的词根“common”是“共同”的意思。在《朗文当代英语辞典》中，“communication”的定义是这样的：Communication is the process by which people exchange information or express their thoughts and feelings.（交际是人们交流信息或表达彼此的思想感情的过程）。

一、交际的要素

交际（communication）这一概念与“共同”密切相关，即“共同”和“共享”是交际的前提。只有来自同一文化的人们才能在很多方面实现共享，才能进行有效的交际。可见，交际与文化是密不可分的，交际是文化的一部分。文化就是一系列我们要学习和共享的代码，学习和共享文化的过程需要交际。每一个文化对交际都有不同的理解，对交际的不同定义反映了不同文化的价值观。

西方文化把交际看作传递信息的过程，强调交际的工具性功能，认为达到个人的目的就是有效的交际。东方文化则认为除了发送和接收信息外，交际更重要的目的是保持人际关系，往往认为保持人际关系比交换信息更重要。

交际的过程包括信息源、编码、信息、渠道、干扰、信息接受者、解码、信息接受者的反应、反馈以及语境十个要素。

（一）信息源

信息源通常指具有交际需要和愿望的具体的人。信息源是消息的制造者。贾玉新指出，需要是指希望别人对自己作为个体而存在的认可，对自己思想的共享或改变别人态度和行为的社会需要；愿望则是指试图与别人分享自己的内心世界的欲望。因为交际过程通常由一人以上参与，所以交际中通常有多个信息源共同存在。

（二）编码

交际过程中人们不能直接共享观念和思想，而必须通过符号的辅助。人们把思想付诸符号的形式表达出来，这个把思想转化成符号的过程即称为编码。人们表达同一思想的符号并不相同，往往受到文化的影响。人们的思想可以通过语言或非语言符号的形式表达。

（三）信息

信息是编码的结果。编码是行为，是动词；信息是结果，是名词。信息表达了信息源想要分享的想法和感受，是信息源内心所思的具体表现，是交际个体在时空中某一特定时刻的心态的具体写照。信息可以通过语言或非语言符号表达出来，包括词汇、语法与思想的组织以及外貌特征、动作、声音和个人性格的某些方面。

（四）渠道

渠道是指传递被编码的信息的途径。渠道是把信息源和信息接收者连接起来的物理手段或媒介。信息传递的手段多种多样：可以是书面形式的，如书信往来、图书、报纸、告示等；可以是电子形式的，如电话、电视等；可以是声波和光波形式的，如广播、录音、图片等。除了使用书籍、电影、录像带、电视机、电脑、广播、杂志、报纸、图片等信息传递的渠道外，人们还通过味道、气味和触摸来传递信息，它们也是渠道。

（五）干扰

任何影响信息的因素都称为干扰。干扰又有很多种不同的形式，可以大致归为三类：外部干扰、内部干扰和语意干扰。外部干扰指分散人们对信息的注意力的声音、图像和其他刺激物。外部干扰来自环境中，会阻止信息的接收，如你和朋友聊天，这时直升机从头上飞过，你们听不到彼此说话，马达的轰隆声就是外部干扰。内部干扰指信息的发出者或接收者的思想和感受没有集中在交际本身，而集中在其他的事情上，如上课时学生饿了，想着午餐，而没有集中注意力听课。有时，人们的信仰和偏见也会成为内部干扰。语意干扰指信息源发出的信息符号包含多个意思而造成的干扰。

（六）信息接收者

信息接收者是接收并注意信息的人。信息接收者可以是有意图接收信息的，如他就是信息源意欲交际的对象，也可以是无意图的，如他恰巧听到了某个信息。交际通常是一个连续不断的、反复的过程，交际中人们通常既是信息源又是信息接收者。

（七）解码

解码是与编码相反的过程，也是一个对信息加工的心理活动。信息接收者积极地参与交际过程，赋予接收到的符号信息含义。

（八）信息接收者的反应

信息接收者的反应指信息接收者在解码后的行为。信息接收者的反应可以是对信息源的行为听而不闻、视而不见，不采取任何行动，也可以是采取了信息源所期待的行为，甚至可以是信息源不希望看到的行为。

（九）反馈

反馈是信息接收者反应的一部分，是被信息源接收到并被赋予含义的信息接收者的反应。不同的读者阅读同一本书后会有不同的反应，但是只有读者参与了某项调查，或者是给作者写信谈了自己的感受，反馈才会发生。反馈对交际有十分重要的意义，交际者可以通过反馈来检验是否有效地传达和分享了信息，以便及时对自己的行为做出调整。一般来说，在面对面的交谈中，交际者得到反馈的机会最多。

（十）语境

语境是交际发生的场所和情景。语境可以是物理的、社会的和人际的。交际发生的语境能够帮助人们更加深入地了解交际。比如，一旦人们了解了交际发生的物理语境，某种程度上就可以准确地预测所发生的交际。

二、文化对交际的影响

语言是人们交际的重要手段，人们常常认为如果掌握了对方的语言就能够进行成功的交际。事实并非如此，文化在很大程度上影响了人们交际的方式。文化对交际的影响有两个方面，即对言语交际的影响和对非言语交际的影响。

（一）文化对言语交际的影响

文化对言语交际的影响体现在很多方面，在此主要集中探讨文化对交谈模式和交际风格的影响。

（1）文化对交谈模式的影响。文化对言语交际的影响最先体现在对交谈模式的影响。交谈是一种重要的交际方式，人们的交谈模式因为各自的文化不同而呈现差异。一旦人们掌握了某个文化的交谈模式，与人交谈就是一种快乐的体验。

（2）文化对交际风格的影响。来自不同文化的人们在交际风格上也会表现出明显差异，体现在下面两类交际风格中。

所谓直接交际风格，是指交际中人们把自己的愿望或意图直接地表达出来。在交际中，人们更多的是依赖语言符号来传达信息。比如，在美国，人们通常使用“当然了”“没问题”“毫无疑问”等表达方式，直接表达自己的观点，强调交际中语言的准确性。一般来说，西方国家或低语境文化的国家，如美国、英国、德国及加拿大等，多采用直接的交际风格。

所谓间接交际风格，是指在交际中人们有意识地隐藏自己的意图，或者通过间接的方式表达自己的意图。间接交际风格的特点是使用含蓄的、含糊不清的语言。在交际中，人们更多的是依赖非语言符号来传达信息，人们不依赖“言传”而更多地依赖“意会”，人们对意义的理解在很大程度上来自语境。在间接交际风格的文化中，人们会尽量保全对方的面子，避免发生正面的冲突，以便保持良好的社会关系。一般来说，高语境文化，即受儒家文化影响较深的亚洲国家，如中国、日本、泰国及韩国等，倾向使用间接交际风格。

另外，还有个人交际风格与语境交际风格。个人交际风格是指在交际中人们强调交际者个人的身份。具有个人交际风格的人们通常在句子中使用第一人称代词。例如，在英语中只有一个第二人称代词 you。无论与朋友、陌生人还是与总统讲话，都可以使用 you 而不像汉语中使用“您”。美国人在交流中一般比较随意，很少使用正式的称呼，最常用的词语是“you”和“I”。语境交际风格指在交际中人们强调角色和地位。社会语境决定了词汇的选择，尤其是代词的选择。例如，在泰国，人们在选择代词的形式时要考虑对方的地位和与自己熟悉的程度等因素。

（二）文化对非言语交际的影响

文化对交际的影响不仅体现在言语交际中，在非言语交际中也有所体现。非言语行为和文化一样都是代代相传和后天习得的，都是在长期的历史发展中通过文化沉淀而成的某一社会共同习惯。非言语交际在交际中占有重要的地位，有研究表明，在面对面的交际中，信息的社会内容只有 35％是言语行为，其他都是通过非言语行为传递的。因此，了解不同文化在非言语行为方面的差异在跨文化交际中有十分重要的意义。文化对非言语交际的影响主要体现在以下几个方面。

（1）身势语行为。人们对动作和手势等符号赋予的意义呈现出文化的差异。同一个身势语动作在不同的文化中代表不同的含义。例如，

“OK”这个手势在美国表示“同意”等意思，在日本表示“钱”，在法国表示“零”或“没有价值”的意思，在巴西是一个令人非常反感的动作。又如，点头这个动作在大多数的文化中都代表“是”或“同意”的意思，也可以在打招呼中使用，而在阿尔巴尼亚和保加利亚表示“不”或“不同意”。

表示同一个意思时，不同文化背景的人们会使用不同的身势语动作，这再次验证了符号与其代表意义之间的任意性。例如，美国人和中国人竖起食指表示数字“1”，而欧洲的大部分国家竖起拇指表示数字“1”。又如，不同文化背景的人们表示“再见”的手势也不同，在中国、意大利和哥伦比亚，再见时，人们手掌和手指随手腕前后摆动，而美国人习惯左右摆动手掌和手指来表示“再见”。

（2）近体距离。每个人要求别人与自己保持一定的距离，称为近体距离。一旦别人与自己之间的距离超过允许的限度，人们就会觉得不安和紧张。不同文化背景的人对近体距离的要求不同。在英美文化中，交际时人们保持的近体距离比较大。在并肩同行时，英美国家的人们会保持三四尺的距离。异性中国人同行时也往往保持类似的距离，同性中国人则会离得很近。在乘坐电梯时，在空间允许的情况下，美国人尽量与其他乘客保持较远的距离。

（3）色彩学。不同文化背景的人们赋予色彩的含义也有差异。例如，在美国白色代表纯洁，它是婚礼的主色调，如新娘穿白色的婚纱；白色在中国和日本则代表忧郁，是葬礼的主色调。又如，紫色在美国代表高贵和神秘，而在拉美国家代表死亡。再如，红色在美国代表浪漫和激情，在中国代表喜庆和吉祥，日本人则忌讳红色，不用红色包装礼物。

三、交际是一个复杂的过程

交际是一个包含诸多因素的复杂过程，了解交际的特点能够帮助人们加深对这一复杂过程的理解。

（一）交际是动态变化的过程

交际是一个连续的不断变化的过程。交际就像是一部动画，而不是一幅图片。交际中人们说出的话语和做出的行为很快就被其他的话语和行为所取代。在交际中，人们不断受到彼此发出的信息的影响，而且在交际过程中交际的各个构成要素之间彼此作用，所以交际处于不断的变化之中。

（二）交际是不可逆转的过程

一旦人们说了话，说出的话被别人听到并且赋予意义，我们就无法收回自己说出的话。交际一旦发生，就是一个完结的活动，就不能被收回，它是一个不可逆转的过程。

（三）交际具有符号性

符号是人们在交际过程中传达和分享意义的媒介。交际中符号是人们思想的载体。符号可以是语言的或非语言的，它可以是任何一个代表意义的词语、行为和物体。制造符号是人类特有的能力，动物之间也进行交际，但它们的交际与人类不同，不是以符号为媒介。符号的使用具有主观性，每一种文化的人们都使用符号，但是他们赋予符号不同的含义。符号与它所代表的含义之间的关系具有任意性。例如，语言符号“猫”与猫这个动物本身没有必然联系，在不同的语言中代表“猫”这个动物的符号并不相同。在英语中代表这个动物的符号是“cat”，在法语中它是“chat”，在德语中它是“katze”，同一个动物在中、英、法、德四种语言中的表意符号是不相同的。

（四）交际是系统的过程

交际不是孤立地发生的，而是处于一个庞大的系统中。这个系统包括：交际发生的场景、场所、场合、时间和参与交际的人数。任何的交际都是发生在一定的场景中。交际发生的场景或语境决定了人们可能产生的语言和行为，以及符号代表的意义。场景在某种程度上规定了交际的原则。服饰、语言及话题的选择等因素都要符合场景的要求。例如，即使天气很热，男士在参加重要的会议时，还是要穿西装打领带。交际发生的场所在某种程度上也对人们的交际行为做出规定。在礼堂、饭店或是学校，你的交际行为会呈现不同的特点。人们的行为，可能是有意识的或是无意识的，是深深根植于所在的文化中的。交际发生的场合也能够控制交际者的行为。人们都知道在礼堂中可能举行毕业典礼、话剧、舞蹈表演或者纪念活动。每一种场合都有其特定的行为模式，每一种文化所规定的行为模式又各不相同。时间对交际的影响不明显，常常被忽视。任何交际都发生在一定的时间区间，如正式的演讲和一般的谈话持续时间的长度会不同。人们也用时间进行交际。例如，在美国人们就经常使用时间表和备忘录等，因而人们总能感到时间的压力。交际中参与的人数也会影响交际的过程。当你与一个人讲话，或是在一群人面前讲话时，你的感受和行为一定有所不同。

（五）交际是自省的过程

人们不仅用符号来描述和思考发生在人们周围的事情，还用符号来反省自己的交际行为。这种特别的天赋使人们同时扮演着交际的参与者和交际的观察者两种角色。在交际的过程中人们同时观察、评价和调整自己的交际行为。从这个意义上来说，交际是一个参与者自省的过程。例如，在有些文化中人们更关注自己，在交际时，人们会花很多时间和精力观察自己，关注自己在交际中的表现。而在有些文化中人们更加关注他人，交际中也会进行自省活动，但是他们会更多地关注他人而不是关注自己的表现。

（六）交际是交互式的过程

交际的交互性体现在交际中所有的参与者共同发挥作用，共同创造和保持意义。交际中，每时每刻人们都在同时发送和接收着信息。交际有过去发生的、现在发生的和将来发生的区别。人们对某一情景的反应受到人们自身经验、情绪和期待的影响。例如，当我们很了解某人时，我们会根据我们过去的认识和经验对将要发生的交际做出预测。将来也会影响现在的交际，例如我们希望彼此的关系能够继续发展，就会自动地调节自己的言行，为将来能够实现自己的目的而做准备。所有的交际都发生在一定的语境中。交际发生的语境可以是物理的、社会的和人际关系的。物理语境指交际实际发生的地点：室内的或户外的、拥挤的或安静的、公开的或私人的、寒冷的或炎热的、明亮的或黑暗的地点。社会语境指交际发生的不同社会场合，如婚礼、葬礼、上课、看体育比赛。每一种社会场合都对人们的交际行为有不同的期待和规定。例如，在西方国家，婚礼上新娘穿白色的婚纱，其他的女宾不可以穿白色裙子，否则会被视为是不礼貌的行为。上课时学生要注意听讲，不能大声喧哗，而在看体育比赛时，大声呐喊为运动员加油就是得体的交际行为。人际关系语境指交际中交际双方所处的社会关系。人们对处于不同的社会关系的人之间发生的交际行为有不同的期待。例如，即使是发生在课堂以外的师生之间的交际行为也会与发生在好朋友之间的交际行为截然不同。同样，发生在同事之间、家庭成员，以及熟人之间的交际活动在话题的选择、说话的语气和态度等方面都会各不相同。

第四节　语言与文化交融

一、语言与文化的关系

语言与文化的关系长期以来备受关注。19 世纪德国语言学家洪堡特认为，一个民族的语言就是他们的精神，一个民族的精神就是他们的语言，语言与文化有重合关系。社会语言学家哈德逊认为，语言完全包括在文化之中，语言与文化之间有一种交叉关系。邢福义等认为，语言属于制度文化层次，语言与文化有一种包孕关系。陈建民曾经把语言和文化比作一张皮的两面，他曾说："语言与文化是一张皮，不是毫无联系的两张皮，对这张皮，我们可以从这一面看看，也可以翻过来从那一面看看，即进行语言和文化关系的双向交叉研究。"不管是把语言与文化的关系描述成重合、包含还是交叉，可以肯定的是语言与文化密不可分。目前，人们对语言与文化之间的关系已达成以下共识：语言是文化的组成部分，是文化的载体，对文化起着重要作用；文化是语言的底蕴，语言不能超越文化而独立存在。

语言也属于一种典型的社会现象，不同的语言代表着不同的文化。虽然之前相关学者对语言和文化的关系进行了探讨，认为两者关系密切，对应的是交叉关系和重合关系，但还需要加强对语言中文化和文化中语言和各种作用方法的研究和探讨。语言是文化的载体之一，语言可以将文化的多种要素融入自身当中，并使各种要素在自身当中体现，最终成为语言当中的文化折射。同样，语言的起源与生成、结构与形式、使用与演变都要受到多种文化因素的影响，且这种影响程度是不同的，成为文化中的语言映射。语言作为一种载体，不是与文化相分离的，而是受文化环境条件影响的，属于一种特殊的文化现象。语言和文化是相互交融和交织的关系。语言接触对应的就是文化接触，是语言负载的文化的接触与融合。以语言接触为媒介的文化融合必然体现在语言中，属于语言接触的过程。语言接触的过程属于文化融合的过程。

语言接触和加强文化融合，不仅可以让我们更加深入地了解本族文化，还可以让我们了解异族文化，让我们在明确不同民族文化契合点的基础上，实现两者的有效交融，最终构建出利于语言接触和文化交融的文化体系。

（一）语言接触中的文化融合

任何一种语言都是供一个或一些民族用于认识世界、形成思想、传达感情的载体。语法和语言表达不仅是语言上的问题，还体现着一种文化世界观。语言作为人们最重要的文化载体，可以直接塑造人的文化心理。语言制约和建构着人们的思维和文化，是人们认识、改造、完善周围世界及自身的必由之路。美国加利福尼亚大学的语言学教授克拉姆契在《语言与文化》一书中谈道："一个社会群体成员所使用的语言与该群体的文化认同有一种天然的关系。每一次言语行为，不管是口语还是书面语，都能表明说话者或作者在某一特定文化的社会结构中所处的地位。”言语交际中，语言的使用在很大程度上代表文化的归属，语言是文化认同形成的基础和重要的表现形式，这是语言的文化价值。语言文化的接触不以任何人的意志为转移。随着社会经济的不断发展、全球一体化进程的加速以及科技水平的提升，语言接触和融合现象越来越普遍。接触和融合是语言与文化发展不可抗拒、不可逆转的趋势。一个民族的语言通过与其他民族语言的频繁接触，不仅可以发展本族语言，还可以增强本族语言的生命力。在语言接触基础上发生的文化融合，不仅深化了对异族文化的了解，而且发展了本族文化。随着语言接触的日益深入，西方文化的价值观、管理技术、生活方式等广泛影响着我国社会生活的各个领域，文化融合现象随处可见。

例如，现在青年人穿 T 恤衫、牛仔裤已成时尚。同样，富有中华民族文化特色的针灸疗法和中草药也受到越来越多的西方人士的欢迎，不少外国人来华学习气功、打太极拳，把它作为健身延年、了解和体验中华文化的重要内容。这些都表明，通过语言的深层接触，中西文化处于相互影响、渗透和融合的状态下。随着中西文化交流的日益频繁和语言接触的日益深化，不同文化之间交流、渗透和融合的广度和深度还会进一步扩展和延伸。

（二）文化接触中的语言融合

语言的形成和发展以文化为基础，不存在没有文化的语言。语言的方方面面，如句法结构、词汇意义等，都包含着多种文化因素。文化作为语言表征的基本内容，制约着语言的形式，不断地将其精髓注入语言中，丰富和更新语言的文化内涵。世界上不存在脱离语言的文化，也不存在脱离文化的语言。语言在文化环境中发展，文化通过语言得到表征。全球信息化高度发达的今天，国与国之间的交流日益密切，各民族之间的文化相互影响、渗透和融合，文化接触背景下的语言融合已成为一种普遍现象。世界范围内的文化交流日益频繁必然促进文化接触中的语言融合。

例如，随着中西文化多方位、多渠道的接触与交流，反映当代西方文化的名词术语大量涌入中华文化，成为汉语中的常用词汇，如“超市”（supermarket）、“白色污染”（white pollution）、“绿色食品”（green food）、“网上购物”（online shopping）、“快餐”（fast food）、“麦当劳”（Mc Donald）等。除了日常生活方面，汉语中反映西方发达国家科技新成果的词汇更是层出不穷。“电脑”（computer）、“因特网”（Internet）、“电子邮件”（e-mail）、“电子商务”（e-commerce）等新词语直接印证了中西文化接触中的语言融合。在文化接触过程中，文化的交流总是双向的。中华文化同样不可避免地对西方文化产生影响，反映中华民族文化的词语也出现在西方语言中。如儒教（Confucianism）、道教（Taoism）、磕头（kowtow）、丢脸（lose face）、纸老虎（paper tiger）、阴（ying）、阳（yang）、功夫（kung fu）等已被收入英语词典，成为西方文化的组成部分。随着我国科学技术的发展、民族文化的振兴和综合国力的增强，中华文化对西方和世界文化的影响越来越大，反映中华文化的词汇会越来越多地融入西方和世界文化中。文化接触过程中语言融合的另一个表现是当今语言中日趋普遍的二语糅合现象。所谓“二语糅合”，是指在说一种语言时夹杂进另一种语言的语词、语调的语言表达。例如，汉语中“卡拉OK”“KTV包房”“CD片”“X光片”等二语糅合式的语言表达都是中西文化接触中语言融合的见证。同样，汉语一些词汇的拼音如Jiao zi、hu tong已经成为英语语言的一部分。总之，文化间的接触促进了语言融合，语言在文化的接触中相互影响、渗透、融合。

（三）语言是文化的重要组成部分

之所以这样说，是因为语言具有文化的特点。首先，从文化的内涵来看，它包括人类的物质财富和精神财富。而语言正是人类在其进化的过程中创造出来的一种精神财富，属于文化的一部分，二者都为人类社会所特有。其次，正像文化一样，语言也不是生物性的遗传，而是人们后天习得和学得的。再次，文化是全民族的共同财富，语言也是如此，它为全社会所共有。美国语言学家古德诺夫在《文化人类学与语言学》一书中也明确地指出了语言与文化的这种关系，他说："一个社会的语言是该社会的文化的一个方面，语言和文化是部分和整体的关系。"

（四）语言接触是人类语言的普遍现象

不同民族间的接触和交往，使不同文化间的交流成为可能，同时也使不同语言之间的相互接触和相互影响成为客观事实。任何一种语言在演变、发展过程中都不同程度地与其他文化、语言接触。语言接触指不同语言之间的接触现象。语言接触有两种情况：一是语言本身的接触。接触的结果在语言的各个层面上有不同的体现，比如借词的增多、音系和语法模式的演变、语言形式的混合以及各种双语现象的普遍出现。二是语言负载的文化的接触。语言自然流露并具体体现一个社会、一个民族、一个地区或一个国家的意识形态、世界观、价值观等，语言的接触展示了文化接触的过程。语言接触的影响主要表现在两大方面：一是由于语言接触形成的语言影响，语言得到了丰富和发展，增强了语言的生命力，促进了语言的发展；二是语言接触中的语言认同折射出不同文化之间的接触，促进了文化融合。文化是民族的灵魂，任何一个民族的文化都不是孤立存在的，而是在世界文化的广阔背景下发生的。只有自觉地接触异族文化，吸收和融合异族文化精华，才能极大地丰富和发展本族文化。文化融合是不同民族文化相互渗透、相互补充、融为一体的过程。通过加强文化融合，可以不断突破本族文化的地域和模式的局限，不断超越本族文化的国界，在全人类的评判和取舍中得到文化上的认同，将本族文化的区域资源转变为人类共享、共有的资源。文化融合是双向互动的，既是一个不断解读对方文化的过程，也是一个不断审视和解读自身文化的过程。简而言之，文化发展离不开文化融合，文化融合造就更为优秀的文化，这是文化发展的规律。

（五）语言与文化相互影响、相互制约

语言与文化之间的这种双向关系可以从语言与思维的关系以及语言

作为文化的传播工具这两个方面加以认识。语言是思维的工具，而文化的构成又离不开思维（精神文化是思维的直接产物，物质文化是思维的间接产物）。作为思维的工具，语言在一定程度上影响和制约着思维的方式、范围和深度。然而，当思维发展到一定的程度，语言形式不能满足其需要或阻碍其发展时，人们也会自觉或不自觉地改造思维工具，促使语言改变。从这个角度上来说，思维又影响和制约着语言。

文化的生命力在于传播。语言作为文化传播的工具，自然会在一定程度上制约文化的传播，是文化得以生存的力量。另外，由于文化的传播，尤其是异族文化的传播，语言中会出现一些新的词语、新的表达方式，这样，文化又会影响和制约语言。文化与语言的关系在具有不同文化背景的人的交际活动中表现得最为明显。

（六）语言是一面镜子，它反映一个民族的文化

通过了解一个民族的语言，就可以间接了解该民族的多种文化特征，具体来说有风俗习惯和思维特点等。例如，在父母两系兄弟姐妹的称谓上英语和汉语对应的称谓是不同的，在英语当中，只有两个词，即uncle和aunt，而在汉语当中，不仅有伯伯和叔叔，还有姑姑、舅舅、姨，且这些称谓是不能混用的。从这里就可以看出：相对于外国人来说，中国人有着独特的传统的宗族观念及宗法文化。

二、语言教学与文化交融

语言属于文化的最终产物，语言可以反映文化，使人们了解文化，文化中有语言的渗入，语言和文化之间的关系十分密切。在中国，虽然在教学大纲中有文化教学的内容，但在很多院校的英语教学课堂上，还仍旧应用传统的语法翻译方法，这样就会导致中国文化教学效率大大降低，进而出现一系列尚待解决的问题，再加上我国对语言教学的过分重视，会在一定程度上忽视文化教学，导致我国文化教学的问题越来越多。因此，在具体的外语教学过程中，必须实现语言教学和文化教学的有效结合，要把文化知识带入外语教学课堂上。

（一）语言教学和文化教学

在外语教学中加强文化教学的目的有很多，具体来说包括两大动机，第一大动机是工具性动机，第二大动机是综合性动机。前者是为了获取文凭，找到好工作，阅读相关材料，获取各种信息；后者是为了与外国人交流，学习外国文化，促进文化交流。综合性动机可以促使人们在学习语言的同时学习相关文化，从而能提升学习者的跨文化交际能力，更利于学习者学习文化知识。兰格认为，尽管多年来提倡在语言教学中融入文化，但文化仍旧是语言学习中的弱项。沃克和野田认为，在语言学习中，人们谈论最多的是语言与文化的关系，但其效果却是微乎其微的。兰格认为，要实现文化教学融于语言教学这个目标是有些困难的，其中的原因比较多。克拉姆契和拜拉姆提出，外语学习和文化学习的最终目标：在文化调试的基础上了解更多的文化群体，掌握文化和跨文化交际的普遍规律，增强跨文化意识，提高跨文化交际能力，力争成为一个跨文化交际的人。虽然该目标难以在我国实现，但在我国外语教学中培养跨文化交际的人的目标是十分必要的，并是切实可行的。所以，英语教学的目的是满足交际需要，提升学习者的跨文化交际能力。

（二）语言教学和文化教学的关系

对于文化来说，其不仅是语言存在的环境条件，也是语言应用的环境条件，在加强对语言形式以及语言应用内涵知识的学习之后，可以从根本上保证语言的真实性和生动化。无论是哪种语言，要想长期发展，都离不开其赖以生存的环境条件和社会文化。从一定程度上说，如果不能明确语言内部包含的文化，就无法从根本上了解语言和掌握语言。要想学习文化，必须首先学习语言，语言学习的最终目的就是文化学习。换句话说，文化学习是语言学习的必然结果，文化教学是语言教学的必然结果。虽然单纯的语言学习也并非不可能，但在这样的外语教学模式下，只能让学习者获得除母语以外的一个新的符号系统，这并不是真正意义上的语言学习，因为这样的学习离开了语言所反映的社会文化现实，就如同一个没有血肉的躯干，失去了原有的活力和价值。一个人的语言习得和文化习得是相辅相成、同时进行的。文化教学不仅能提供真实的、丰富多彩的教学语境来促进学习者语言学习，还能从根本上提升学习者的外语交际能力，另外还能帮助学习者在了解外国文化的基础上反省本族文化，开阔视野，增强跨文化意识，提高跨文化交际能力。现代教育研究结果表明，不结合所学语言文化的教学是种不完全或残缺的教学，只有把语言教学与文化教学合二为一，或寓文化教学于语言教学之中，才是现代意义上的全面的外语教学。

因此，作为外语教师，在英语教学中，要注重增长学生的英语本族特色文化见识和异域典型文化见识，并详细地对比分析，从而形成正确的、不偏不倚的跨文化视野，从根本上提升学习者的语言和文化交际能力。

（三）语言教学如何与文化教学相结合

1. 词汇教学与文化教学的融合

语言要素比较多，在多个要素中，词汇是基本要素。文化差异在词汇层面上必然有所体现，对词汇的解释也必然能体现民族或文化之间的差异。英语词汇包含着丰富的文化信息和内涵。在具体的外语教学过程中，不仅要让学生了解词汇的概念意义，还要让学生了解词汇的文化意义，即内涵意义与引申意义。文化形态上的差异不可避免地呈现在语言系统里最活跃的词汇层面上，这种差异必然会产生附加在词汇本身之上的不同的联想意义。如果不了解这种联想意义的差别，就不能完全接受一个词所承载的全部语言信息量。

比如“狗”，虽然概念意义完全相同，但东西方对于“狗”的联想意义是大相径庭的，汉语中许多关于狗的习语都给人不好的联想，如“痛打落水狗”“狗咬吕洞宾，不识好人心”“狗腿子”“狐朋狗友”“狗仗人势”“狼心狗肺”等，但在英语中，“狗”被视为人类最好的朋友。

对于当前的英语教学来说，在具体的教学过程中，教师往往只讲授基本的单词词义解释，却不注重词汇对应的文化意义解释，再加上学生是被动学习的，这会大大降低学生的英语知识运用能力和语言交际能力。

例如，一些颜色词在不同国家中的文化内涵截然不同。红色在西方文化中被用来表示愤怒、气愤的意思；但在汉语中，红色通常是一种沾有喜气的褒义词，如红松、红包、红娘、红利、红运、红火、满堂红等。

在英语教学过程中，必须注意这些具有民族文化背景色彩的词汇，要了解相关词汇的文化内涵，提升自身的词汇运用能力，并且将这些词汇置于真实的文化语境中进行操练，让词汇知识转化为词汇使用能力，从而达到文化教学的目的。

2. 阅读教学与文化教学的融合

在阅读外语文章时，我们应吸取三个层面的意义：词汇意义、语法结构意义和社会文化意义。就词汇意义或语法结构意义来讲，学生们可求助于字典或语法书，而社会文化意义让外语学习者最难吃透，因为它涉及语言使用社区的价值观、信仰和态度。阅读是一种单面而又复杂的技能，它不只是一种简单的解码操作，学生们只破解文章的表面含义是不够的。根据英国著名的应用语言学家威多森的观点，阅读是一种“作者与读者的相互作用”。如果不具备对目标语言的文化洞察力，是无法真正了解语言文化内涵的。有效的阅读要求对目标语的文化有一种合乎情理的定位，对目标语的文化背景模糊不清，就会误导学生的阅读理解方向。所以在实际的阅读教学中，教师必须明确教学目标和教学内容，且要考虑到文化教学的需要，合理设计读前和读后任务，将学习者的注意力吸引到篇章内容上，进行相关的文化讨论和文化学习。

例如，在阅读一篇关于美国社交礼节的英语文章之前，教师可以提出一系列有关学习者本族文化中社交礼仪的问题，让学生们进行读前热身，然后建议他们在阅读文章时注意美国社交礼仪文化与自己民族的社交礼仪文化的异同。学生在回答社交礼仪相关问题时，往往需要进行文化对比。由于学生对目标语文化缺乏洞察力，因此，阅读教师应给予学生适当的指导，促进学生对文化内涵的理解。学生的文化知识面越广，学习自信心就越强。没有文化定位而期待一个学生开发出阅读效率绝对是一种幻想。

3. 听说教学与文化教学的结合

要想让学生更好地了解跨文化交际文化，就要实现外语教学和听说教学的有效结合，在外语教学过程中融入听说教学。听说教学在跨文化英语教学中的作用是比较大的。对于文化教学来说，不仅要彰显材料的准确性以及代表性，也要彰显出主题的准确性以及代表性，并准确反映出我国文化教学的各个方面；不仅要完善文化内容，还要优化文化组织方式。另外，还要大力应用先进的多媒体教学工具，完整地呈现跨文化交际情景，让学生有身临其境的感受，促进学生跨文化交际能力的不断提升。

例如，电影教学就是一种很好的方式，融视、听、说于一体，使传播知识和接受知识的通道加宽，调动人的多种感官来接收信息。电影呈现的情景真实生动、语言丰富地道、形式活泼多样，为英语教学提供了理想的条件，为学生的语言活动开辟了广阔的天地，在娱乐的过程中提高了学生学习英语的兴趣。还可以多开展课外拓展活动，鼓励学生多去英语角，积极与外籍教师交流，掌握外语交流和沟通技巧。通过这些活动的有效开展，可以为学生营造良好的学习氛围和交际氛围。还可以鼓励学生参加外语交际活动，增强学生学习和运用语言交流的自信心。

三、各学科与文化交融

（一）学科文化的含义及特征

学科文化是根植于学科的，学科明显是一种联结化学家与化学家、心理学家与心理学家、历史学家与历史学家的专门化组织方式，它按照学科，即通过知识领域实现专门化。每门学科的成员拥有共同的信念，拥有自己的符号系统、价值观念、学术精神等，这些正是学科文化的组成部分。学科文化是指由历代学者在创建该学科的过程中，发现、创造和形成的学科理论体系以及所具有的思想、方法、概念、定律，是学科中所采用的语言符号、价值标准、科学精神或人文精神、文化产品以及工作方法的总和。

学科文化是社会文化的一种，它具有文化的共性：精神性，学科文化形成的主体是人，其核心是人的精神活动；社会性，学科文化是在一定的社会关系条件下以及人们共同的活动中形成的，没有一定的社会关系条件下的共同活动，就没有学科文化；规约性，人们在学术活动中创造学科文化，学科文化也规范和制约着学术活动；稳定性，学科文化一经形成，就具有相对的稳定性。学科文化区别于其他社会文化的个性主要表现在：就整个学科系统而言，学科门类众多，学科文化丰富多彩、异彩纷呈，具有多样性；以知识领域划分的学科具有学术性，凝聚于学科之中的学科文化自然也就渗透着浓郁的学术气息，它主要体现为单元独立、注重实效以及自由探索的学术精神。

（二）学科文化的冲突

冲突可以从多角度理解。从参与主体看，冲突指“各派间直接的和公开的、旨在遏止各自对手并实现自己目的的互动”；从冲突目标看，冲突是“有关价值、对稀有地位的要求、权力和资源的斗争”；从手段和后果看，冲突是“研究由于价值观、权力、地位、资源分配等因素引起社会中的个人或群体间的对抗行为模式以及由此导致的社会整合与社会变迁的学问”。从组织管理角度看，冲突是指“个体或组织由于互不相容的目标、认知或情感引起的相互作用的一种紧张状态”。总之，只要有差异存在，交往双方的冲突就存在。

在一所大学当中，不同学科对应的文化冲突问题是比较多的，也是比较常见的。对于学科文化来说，其属于一种系统文化，其体现的层面是比较多的，不仅会体现在物质层和精神层上，还会体现在规则层以及行为层上，且这些层面都是相互交叉和作用的。各学科往往会在学科文化内部产生冲突和争夺，具体表现在资源的争夺、目标的争夺以及利益的争夺上。学科文化的要素是比较多的，在多种要素之间也有争夺以及冲突，这些冲突主要体现在三个方面：第一个方面是价值观；第二个方面是思维方式与语言方式；第三个方面是学术生活。

1. 价值观的冲突

在学科价值取向上，不同学科以及学科的不同阶段存在不同的认识。如：在研究目的上，有人推崇基础研究的无功利性，以求知、求真为最高的精神价值追求，以体现学术的超现实性；而另外一些人则对应用、开发研究情有独钟，把知识的功用作为研究目的，以积极入世的精神主动介入现实社会。教师职责的履行是以教学质量还是以科研水平作为基本的评价标准，教学过程是解释模式（即回答是什么和为什么的问题）还是传授模式（即应该是什么和应该怎么做的问题），至今人们还争论不休。此外，对于专业计划、课程设置以及教学形式、方法和途径等环节的认识，人们也很难达成完全一致。

在大学的行政管理和学术活动开展中，也存在一些问题。行政人员有充足的理由把教授和学生充其量看作缺乏理解的人，甚至是制造麻烦的人和敌人，致使大学行政管理人员和教学人员，在日常生活中逐渐分离，每一方都试图保持自己一类人的接触。分离导致群体间相互的冲突愈演愈烈，甚至达到轻视的地步。

2. 思维方式与语言方式的冲突

学科思维的冲突是指学科的思维方式缺乏共通之处，看待一个问题时都只用自己学科的思维方式，而没有考虑对方学科的思维方式，因而造成矛盾。譬如一位很杰出的数学家查尔斯·巴比奇在读到阿尔弗莱德·洛德·坦尼森的《原罪的审视》后写道：“亲爱的先生：在你的光辉诗篇中有这样一行：‘每一时刻都有一人死去，每一时刻都有一人降生。’很明显，如果这是真的话，世界的人口就会停止不变，而事实上出生率是略高于死亡率的。因此我建议在您诗词的下一版中，您会把它改为：‘每一时刻死去一个人，每一时刻又有一又六分之一个人出生。’严格地说，这仍不精确。实际的数字是个很长的小数，我不能在一行里把它写出来，但我相信一又六分之一对于诗词来说是足够精确的了。”

查尔斯·巴比奇用数学家的思维方式去欣赏诗歌，学科思维的冲突可见一斑。英国学者 C. P. 斯诺在剑桥大学发表的关于“两种文化”的演讲中指出：西方社会的智力生活已经日益分裂成为两个极端的集团，自然科学家与社会科学家之间出现了互不理解、互不信任的鸿沟，“他们都荒谬地歪曲对方的形象。他们对待问题的态度完全不同，甚至在感情方面也难找到很多共同的基础”。“两种文化”的观点只不过揭示了一种对立，事实上，实用学科与非实用学科，以及理论科学与应用学科之间存在着巨大的隔阂。相互间的隔阂是“不理解”的外在表象，其深刻的危机在于知识成了碎片。在语言方式上，人类在认识社会和自然界的过程中，囿于自身有限的认识能力，往往无意或有意地创建不同的符号系统，人为地创建不同的知识体系，构成不同的意义和价值系统。不同符号系统间的理解和沟通障碍或者分歧就表现为文化上的差异甚至冲突。作为知识机构的大学，这一特征表现得相对较为突出。在大学的现实中反映这种冲突的现象可谓比比皆是，如自然科学领域的人们常常视人文学科为“非科学”，而对之不屑一顾；而在人文学科领域也不乏一些人对硬科学反唇相讥，笑其“精神贫乏”。围绕着理性和感性、价值理性与工具理性、事实判断与价值判断、归纳与演绎、抽象与具体、实证与思辨、定量与定性、确定性与模糊性、解释与理解等理论形态或研究取向进行的对峙与交锋，少不了人们的互相贬抑。就算是在三大学科的领域内部，如果学科以及专业不同的话，也会产生很多无法理解的问题，这三大学科主要指自然科学、人文科学以及社会科学。

3. 学术生活的冲突

硬学科和软学科学术生活的方式就有很大的差异，譬如历史学家的文章开头不会少于三页纸。其他人可能需要一张桌子、一个房间和一个堆满书籍的图书馆，但是创造性的数学家只需凝视墙上或者拨弄咖啡杯就开始工作，也可以在黑板上涂写。应用型的学科与企业或社会其他机构联系频繁，用他们的研究帮助这些组织解决实际问题，而纯学科的这种联系就比较少。对于学科文化冲突，我们要客观看待。在德裔美籍社会学家科塞等冲突论者看来，即使健康的组织，其内部也充斥了大量的利益、权力和价值的冲突，这些冲突并非具有破坏性或导致功能失调的消极、负面因素，而是中性的，甚至有可能对系统产生积极或有益的影响。

大学文化内部存在的上述种种冲突正是大学组织的活力所在，即使出现价值的冲突也并非都是倾覆性的，不同价值取向的存在都有其合理性，无所谓谁优谁劣，且彼此之间也并非泾渭分明，甚至水火不容。一个允许容忍并能正确对待异质存在的大学才表明它有对内部多元价值和行为方式认同、宽待的文化环境，这有利于消除彼此之间的恶性抵抗，增加成员对大学的归属感。所以，学科文化的冲突，对学术人而言，应该和而不同；对管理者而言，应该兼容并蓄；对学生而言，应该博采众长，以大学的整体文化来化解和协调冲突。

（三）学科文化融合

1. 学科文化融合的含义

学科融合的含义是在承认学科差异的基础上不断打破学科边界，促进学科间相互渗透、交叉的活动。学科融合与学科交叉存在区别。学科融合是个理念层面的概念，指的是打破学科边界，不将学科封闭。在现行的学科边界内，主张缩小学科的间隔，强调的是学科之间的整合。学科交叉是具体实践层面的概念。学科交叉落实到具体的操作层面，即通过学科知识、方法、视角的相互渗透，发展出新的学科生长点，还可能还生长出新的学科。学科文化融合是从学科融合和学科文化两个概念中发展出来的，是指学科文化之间的严格界限被打破，学科文化的差异在学科边界被逐渐消解，产生一些共性的文化。

学科文化的融合主要表现在两大方面。一方面主要表现在学科知识融合上，就是所谓的学科交叉以及学科交融。学科文化融合需要一定的理论基础，而这个理论基础就是知识的融合。另一方面主要表现在学科管理制度、生活形态和思维方式的相互尊重、理解和宽容上。针对学科文化融合来说，必须在相互尊重的基础上明确相似之处，并最终确认和达成共识。

2. 促进各学科文化融合的有关措施

（1）学科观念的更新

学科融合不仅是学科组织的融合或者建立一些交叉学科研究中心，更重要的是我们如何看待学科的这种观念需要革新。首先，针对学科转向问题进行研究。在传统的学科观念下，学者们认为知识的划分肯定存在着学科的边界，要尊重这种边界，所以，在确定研究主题时，要强调这个问题是不是本学科研究的问题。于是，年轻的学者们总是被劝告待在“领地”之内，逃避那些可能跨越部门界限却不一定适合本专业框架的学术项目。那些企图创造一个新起点的人，可能被认为是靠不住的外人，得不到他人的信任。这种强调使有潜力的人才失去了勇气，年轻的学者很容易感到从事狭窄问题的研究要比从事大范围问题的研究要稳妥。但是事实上，学科从来没有一个清晰的边界，可以把两种知识体系完全分开，而且现在大学正要进行激励边界作业、发展学科交叉的研究，因此，学者们在做研究时不应拘泥于边界，而应摒弃门户之见，将眼光转向问题。一个问题涉及多个学科的知识，要想解决相关问题，必须将多种学科知识和不同学科学者联系起来。

其次，要淡化学科的管理功能。中国的学科不仅有学问的分支和学科群落的含义，还有人才培养口径、规格、标准的意义，带有极强的管理色彩。教育部将现有的学科分为几个大门类，具体化为一级学科、二级学科。这样的分类便于发挥学科的管理功能，便于人才培养在学科的规格要求下进行。但是这样划分是对现有学科与专业的划分，没有给交叉学科留下位置，整个分类缺乏灵活性。譬如一些交叉学科并不好归类到某一学科下，但是又没有其他归属的空间，最后勉强放入某个学科之下，不利于相关人才的培养。像启明学院和创新研究院那样的跨学科研究组织，在交叉学科人才的培养上也必须依据现有学科分类，在现有的学科院系中完成，学生所做的研究是跨越多学科的交叉研究，但是获得的学位却是已有的学科分类框架中的一种学科分支的学位。这些现象更深层的原因来自大学自上而下的行政管理体制，对于学科发展动态最为敏感的大学，却没有专业设置的自主权，这抑制了新兴学科和专业的发展。我国的学科、专业的调整总是滞后于学科发展和社会需要。虽然后来有几所获准开展本科专业自主设置试点，也只是针对本科专业。所以，促进学科融合，淡化学科的管理功能，其实是要让大学对于自己学科和专业的设置有更多的自主权，可以自由去设置专业目录以外的新兴交叉学科专业，最终使大学成为独立的学术机构。

(2) 形成良好的学科生态

要想从根本上落实学科融合工作，还要进行科学合理的学科生态构建。在和大学各学科文化融合过程中，需要的学科种类是比较多的，且在一些大学当中，学科种类过少的话，就无法进行快速的学科交叉以及学科融合。因此，每个大学都要追求多样化的学科融合，只有保证学科齐全和完整，才能促进学科文化融合工作的有效落实。但对于较好的学科生态来说，不但要保证物种多样化，还要保证多个物种间的平衡性和协调性。所以，在学科生态构建过程中，单纯保证学科齐全是不够的，还必须促进多个学科的共同发展和协调发展。

协调发展不仅包含核心学科以及应用类学科，还包括各种硬学科和各种软学科。要想促进应用类学科的发展，必须以核心学科发展为保障，核心学科发展也是其他学科发展的理论基础，如果仅仅注重学科发展的话，虽然能带来短时间的效益，但肯定会出现一系列问题。在大学学科当中，硬学科和软学科是必不可少的，硬学科代表着科学，软学科代表着人文，只有促进两者的协调发展，才能营造良好的大学文化教学氛围，无论缺少其中的哪一个，都不利于大学专业人才培养。

另外，在大学学科协调发展中，还要保证优势学科与弱势学科的共同发展。对于不同的院校来说，学科发展情况是不同的，内部的精纯学科也不同。比如华中科技大学最强的学科是工科，工科在大学中处于优势地位，学校必然也会更加重视工科专业人才的培养，整个大学也因此形成一种工科的文化，而别的学科往往会被边缘化，无法充分凸显自身的价值。在大学发展过程中，要加大对优势学科发展的重视度。但在不同的学科之间，也是存在一定的宽容度的，也要注重其他小学科的发展，不然就会导致学科交叉短板问题的出现，那些弱势学科会变得更加弱小，从根本上阻碍总的学科交叉计划的正常实施。只有促进各个学科的共同发展，才能从根本上实现学科交叉以及文化融合的目标。

（3）改革学术评价制度

要想促进学科文化融合，还应该改变现有的在学科制度框架内的学术评价方式。传统的学科评价是以学科为单位的评价体系，但是交叉学科的评价在采用同行评价的方式时会产生一些问题。从研究项目的申请来看，政府的项目资金是按照学科来分配的，所请的评审专家也是各个学科的专家，他们对于学科交叉的研究项目的创新性是否会认同呢？国家自然科学基金委员会副主任、著名生态学家张新时先生就谈到，他曾提过一个做生态研究的项目，但这个项目在生态学和计算机两个领域中都没有得到共识，生态学评议专家认为这是属于计算机应用的项目，从生态学的角度来看没有多大意思；而计算机评议专家也持类似态度，认为这是属于生态学的项目，从计算机应用的角度来看没什么意义。张先生只好通过其他渠道来从事这项研究，并取得了丰硕的成果。从研究成果的评价来看，交叉学科的研究成果的发表也会遇到困难。期刊是按照现行的学科分类创办的，一个学科内虽然有很多期刊，但是如果要发表交叉学科的研究成果，许多期刊就会认为其不符合发表的内容取向或风格，或者是审稿人多是传统学科领域的专家，不好评价交叉学科论文，那么可供选择发表的期刊的面就窄些，可能只有非常高水平的综合性期刊能予以发表。可见，在交叉学科的研究项目申请与成果发表中，由于同行少，无法保证评价效率，这也会影响学者的学术职称晋升。职称评定主要考察的是学者对本学科作出贡献的程度，从事学科交叉研究的学者可能就会面临一种尴尬，由于申请课题和发表的难度都比一般学者大，能够被认可的成果数量相对于其他学者可能并不占优势。因此，做学科交叉的研究对于学者来说是既辛苦又有风险的。

那么，如何改革学术评价制度，促进学科的融合呢？首先，政府各种研究基金要为学科交叉的研究提供更多的资金支持，在项目审核中更偏向学科交叉的研究，提高学科交叉研究项目立项的比例。学科评审组划分不能过细，那样会让学科交叉的项目不知道向哪个评审组进行申报合适，或者即使申报了也很难成功。而将其拆分成几个学科项目分别向不同评审组申报，又会失去项目的完整性和有机联系。所以，学科评审组也应该进行整合，或者成立专门针对学科交叉研究的评审组，譬如美国的国家科学基金会就已经明确：在保持按传统学科设置的纵向资助的基本格局的基础上，通过设立专门的研究领域，成立跨学科资助机构，制定跨学科计划等，逐步建成学科交叉研究的多层次矩阵式资助体系。

其次，在学术成果的发表方面，国外的学者们是去创办交叉学科期刊，把学术成果发表在交叉学科期刊上。评价一个学科是否成熟的标准之一是看这个学科是否能创办出自己的期刊。学科交叉的研究，在理论体系逐渐完善后，可能发展成为一门交叉学科，在这个过程中，就可以通过创办期刊，构建一个同行交流的平台，为在传统学科中找不到适合位置的研究提供发表的舞台。国外学者们的研究结果表明，交叉学科的期刊功能比较多，可以将传统学科连接起来，并且涵盖了有自觉意识的学科互涉性问题中心研究，促进了混合领域的发展。一些刊物，如《科学》和《自然》，规模大，声誉高，但大多数都是交叉学科期刊，他们一般拥有忠实的读者，但流通量不大。所以，交叉学科的期刊可以形成一个读者群，培育越来越多的同行，也使交叉学科走向成熟。我国相关部门规定学者们必须将文章发到特定的期刊上，而交叉学科的期刊一开始可能无法达到这样的等级，这无疑打压了国内学者创办或投稿交叉学科期刊的热情。所以，需要改革的是现有的学术考核机制，这种机制对学科交叉的研究有消极的影响。最后，在学者的晋升方面，应该是找同行评价学者的学术成果，并充分考虑学者开拓出一个新的领域对本学科和整个知识体系的贡献。

（4）在教学中促进学科文化融合

我们可以通过大学中的教学活动促进学科融合。在访谈中，有教师谈到其实本科生的教学和他的研究没有什么关系，但是可以帮助他将知识系统化。这是因为研究倾向于知识的细化、碎片化，而教学则需要将广博的知识整合。教学还需要根据学科发展加入新的内容，而这些与学者自己研究的那一小部分知识未必紧密相关。所以，通过开展教学活动，有助于学者将他们特殊的研究领域与更广泛的知识框架联系起来，让他们不至于一直处在一个知识片段上。在教学方面，还应该鼓励不同学科的教师共同致力于一门交叉学科课程的编写和教学，使得不同学科的教师们有相同的目标和兴趣。教师们在一起讨论、交流的机会越多，在一起工作的时间越长，越能理解和尊重对方的文化，从而有利于学科文化的融合。尤其是对于那些交叉学科研究组织来说，既然要培养具有多学科知识的创新型拔尖人才，就必须不断创新专业课教学方式，改变传统的学科教学模式，组织教师们联合开发交叉学科的课程，开展联合教学。教师们将他们涉及多个学科的研究项目的成果整合成一个体系，开发出相应的课程。随着这样的交叉学科课程的增加，交叉学科知识体系会更加完善和系统化。

第二章　中西方思维方式的差异及其对跨文化交际的影响

第一节　中西方思维方式的差异

一、逻辑思维与形象思维的差异

中国人与西方人的思维有很大差异，首先从文化底蕴来看，形象思维是中国人的主要思维方式，而逻辑思维则是西方人比较重视的。中国人的形象思维很发达，这点在很多方面都有体现，渗透入了中国文化的方方面面，从汉字、汉语言文化，到中国传统哲学，都充分体现了这样的特点。

文学是用语言塑造形象、反映社会生活的一种语言艺术，是文化中极具强烈感染力的重要组成部分。中国古典文学是中国文学史上闪烁着灿烂光辉的经典性作品或优秀作品，它是世界文学宝库中令人瞩目的瑰宝。中国古典文学有诗歌、散文、小说，以及词、赋、曲等多种表现形式，在各种文体中，又有多种多样的艺术表现手法，从而使中国古典文学呈现出多姿多彩、壮丽辉煌的图景。几千年来，中国传统文化养育了中国古典文学，中国古典文学又大大丰富了中国传统文化，使传统文化更具有深刻的影响力。比如在中国古代文学中，我们不得不承认最发达、最具有代表性的是诗歌和散文，而不是戏剧或者小说，虽然戏剧和小说也同样深受人们的喜爱。而且纵观中国古代文学发展史，在很多作品中，普遍使用了形象类比的方法。《诗经》是中国古代诗歌的开端，最早的一部诗歌总集，收集了西周初年至春秋中叶（前 11 世纪至前 6

世纪）的诗歌，共311篇，其中6篇为笙诗，即只有标题，没有内容，称为笙诗六篇（南陔、白华、华黍、由康、崇伍、由仪），反映了周初期至周晚期约500年间的社会面貌。从《诗经》中的“风”“雅”“颂”，到魏、晋、南北朝时期的骈文，再到明清的对联等，中国传统文化博大精深，在中国浩瀚的文海中，形象生动的比喻、联想无处不在。几千年过去，中国文学犹如鸿蒙初辟，充满了由感性和诗意构成的如画之意蕴。

说到西方文学史，不得不说的是《荷马史诗》，《荷马史诗》是指《伊利亚特》和《奥德赛》，产生于公元前9至8世纪，相传是盲诗人荷马所作。《荷马史诗》集古希腊文化之大成，是欧洲文学史上最早的重要作品，是西方文学史的第一座里程碑。《伊利亚特》和《奥德赛》在题材处理及谋篇布局上显示了惊人的水平。两部史诗都涉及10年时间所发生的事，但都是采取戏剧式的集中、概括和浓缩的手法，把故事集中在一个人物、一个事件和某一段时间上，从而把众多的人物、纷繁的情节和丰富的生活画面浓缩成一个严谨的整体。《伊利亚特》格调雄壮，战争场面宏伟壮观，气势磅礴，节奏急促，具有阳刚之美。《奥德赛》格调平静，场景瑰丽，变化多端，节奏轻慢，具有阴柔之美。西方文学从《荷马史诗》和古希腊戏剧到近代批判现实主义文学，其发展经历了一个从诗性地描写宏大的历史场面，到充分展示命运的冲突、揭示人物深层性格双向逆反的矛盾运动这样一个由感性到抽象的进化过程。而在哲学世界观方面，中国古代的先哲圣贤及思想家们并不注重概念的解析，也不太注重逻辑学的相关概念。中国的象形文字本身就是一个形象思维的最好体现，中国书法体现了字画合一、感性生动的特点。另外，汉语言的语法在世界四大文化体系中出现得最晚，汉语言的表达方式也具有较含糊的特点。

二、对立思维方式的差异

对立思维是人的思维方式中很奇妙的一部分，万物都有对立统一的两方面。中西文化都注意到了事物的矛盾对立，比如《易经》就用“阴”“阳”两种对立的力量来解释事物的发展变化。然而中国文化更加强调的却是“统一”，注重求同的思维方式，在天人关系即主客关系上以“天人合一”、主客不分的思维方式处理问题，强调天、地、人为万物一体，和谐共生，如庄子所云“天地与我并生，万物与我为一”。在伦理观上表现为顾全大局，在个人与社会的关系上注重整体主义，当个体的价值倾向与整体出现不协调时，个人往往采取否定自己以适应群体的态度。在中国文化中，一个人的人格应该是统一的，人格的分裂是不被理解的。而在西方文化中，求异，即强调矛盾的斗争性的思维方式则是普遍的，西方人追求个体生存的意义，在面对群体和整体时，认为那是一种异己的、压抑自我的力量，个人应该随时抗拒这种异己的力量对自我的吞噬。在西方的文化经典《圣经》中，人格本来就是分裂的，夏娃是上帝从亚当身上抽出一根肋骨制造的，这是一种文化的隐喻。夏娃受蛇的引诱偷吃禁果后又引诱了亚当，最后拖累亚当一起被上帝赶出伊甸园，则预示着男人与女人的永恒矛盾。人格的分裂也导致了文化的分裂，西方文化从古希腊开始就处于矛盾冲突之中，俄狄浦斯的悲剧是由“仇父恋母”情节所引起的，而悲剧的出现又引发了更深刻的人的主体性与人的命运之间的永恒矛盾和冲突。中国人对待善与恶的态度是乐观的，认为人性本善，后天对“善”的背离可以用“教化”来纠正；而西方人则认为人性本恶，因而人生处处是冲突，人格无时无刻不在分裂，人与命运的悲剧随时随地都在发生。因此，西方文化的历史也是一部“精神突围”的历史，人在对立中诞生，在矛盾中存在，在斗争中寻求生存，而斗争的结果却往往是面临更大的矛盾和冲突。

三、整体和部分思维的差异

在对思维的基本的智力操作上，中国人偏向于综合思维和整体优先，而西方人则偏向于分析的思维模式。对于西方人而言，要弄清楚一件事物，必须首先把事物进行分割和拆解，才能弄清内部的结构。从古代希腊人把构成世界的始基界定为“水”“火”“原子”，到西方近代形而上学唯物主义采用隔离体的方式研究力学原理，再到现代卢瑟福从X粒子的散射实验得出原子的有核模型，西方的思维模式中处处充满了分析的特征，甚至早在希腊晚期，亚里士多德就已经把已有的知识分为各个门类，如诗学、政治学、伦理学、物理学、修辞学、形而上学等。而在中国古代，各种知识统统糅合在一起被笼统地称为“学问”，并且以吟诗作赋、博通经史和安邦定国为一贯的价值取向，至于自然类的知识，则更是被排斥为茶余饭后的奇谈逸事。中国人这种整体优先的思维方式体现在文学、道德学、中医学等各个方面。比如，《易经》中那句著名的“天行健，君子以自强不息；地势坤，君子以厚德载物”即是以“天”喻“人”，天人合一，从整体上理解天人关系。中国人往往是以天才的猜测来从整体上把握不同事物的联系，比如中医学认为人体各部分是一个有机联系的整体，并用阴阳五行的学问来解释五脏之间的相互依存、相互联系，这才有头痛而从脚上寻找原因的“辨证施药”之说。总之，中国人在看待事物的时候，不是就事论事，把事物进行拆分、解析，而是把事物当成一个整体看待，充分注重该事物与其他事物的联系，并把以往对待其他事物的经验移植到这里，进行类比式的判断和猜测。这种方法能够从宏观上把握事物的全貌，并且有的时候还可能产生奇特的功效，甚至被西方人称为“东方神秘主义”。

四、感性与理性的冲突分析

感性是生命的本能，生物的条件反射，是感性最初始化的形式，在生命形式的进化过程中，基于本能的感性，逐渐上升为理性，才有了生命形态的逐步完善。感性永远是理性的基础，离开了感性，也就谈不上理性。首先是作为理性对立而被理解，“感性”与“理性”对照，即成了“不理性”，感情用事，多愁善感。大家对“理性”的理解，即便是不准确，也不至于有太大的偏差，对于“感性”的理解可就千差万别了。认为感性就是不理性，感情用事，这就是对“感性”最大的偏见和误解了。“感性”一词的感情色彩，并不是非常消极的一个贬义词。

每个人对于感性的认识都由于自己的理解体会和在具体语境中的把握而有所不同，大致都有以下几个方面：第一，与冷漠和内敛相对，感性的人感情丰富、多愁善感，情绪外显、喜怒无常。第二，感性的人易感，它是情商的表现，有很强的移情通感能力，知道在什么场合应该表露出哪种情绪，可以让交流更加融洽通畅。最后，感性体现了一种人性化的处事对人法则，是对功利的理性原则的反映，可以树立亲和型的另类权威。

所谓理性，就是基于感性，通过思考而升华的一种抽象的认知，它是对必然性的一种附和，分别为科学理性和哲学理性，前者是已经确认的结论，后者则是基于前者的预见。理性包括了思维本身的结论，也包括了以此为动机的行为判断。世上的人，因为感性和理性程度的差别，混沌地分为两大类，感性的人和理性的人。之所以混沌地区别，就在于人类在高级也还是动物，不存在纯粹的感性和理性，当然也就找不出纯粹感性或者理性的人。感性主导的人，一般号称自己是为感觉活着，他们的思维和行为方式，主要依靠自己的感觉或者直觉，很少考虑条件的约束，因此表现得另类，但他们实际上必须接受客观的限制，所以谈不上纯粹的感性。

理性主导的人，遇事三思而后行，主动地接受了自然和社会的约束，并清醒地考虑了客观条件的限制，所以很少出格，行为一般符合约定的规范。人类既然已经产生了社会，客观上个体就必须服从群体，所以理性的人，相对适应了环境，也是人类未来发展的方向。

一般来讲，中国人的判断力较容易受到情感的影响，中国人往往从伦理亲情出发来理解各种社会关系，在道德修养上注重内心的自省和发自真情实感的“彻悟”，能够推己及人，宽容地看待别人的过失；而西方则从古代就一直注重理性，甚至从知识论的角度来推演道德原则，比如中国人认为不知者不罪，而古希腊圣贤苏格拉底则认为无知作恶比明知故犯还要坏，因为“无知”本身就意味着“恶”，近代德国哲学家康德仍然采取的是“转识成智”的方法，从梳理人类的认识能力入手来挖掘人类道德何以可能的根源。中国人为了“一团和气”，可以“大事化小，小事化了”，西方人则必须论辩出真理究竟在谁的手里；中国人为了对师长的尊重可以放弃自己的见解，西方人则信奉“我爱吾师，我更爱真理”；中国人对他人称“贵”而对自己称“鄙人”是为了获得对方的好感从而争取感情上的贴近，而在西方人看来这些没有丝毫意义；中国人孝敬父母和长辈，对父母之命唯唯诺诺，而西方人即使是对父母的话也一定要分出个高低上下。

五、直觉与逻辑的差异

中国传统思维注重实践经验，注重整体思考，因而借助直觉体悟，即通过静观、体忍、灵感、顿悟的知觉，从总体上模糊而直接地把握认识对象的内在本质和规律。这一点在汉字“视”字中最完整地体现出来，它从“氺”可能与“示”相关，表示高尚、神、仪、礼，因此中国人特别重视视觉，凭直觉觉察到的东西是最实在的东西。儒、道、佛三家都注重直觉体悟宇宙本体。直觉思维对中国哲学、文学、艺术、美学、医学、宗教等的影响尤为深远。西方思维传统注重科学、理性，重视分析、实证，因而必然借助逻辑，在论证、推演中认识事物的本质和规律。古希腊哲学家亚里士多德开创了形式逻辑，提出了整个形式逻辑体系，对人类思维产生了深远的影响，也使逻辑性成为西方思维方式的一大特征。西方人重视认识论与方法论，重视语言分析（包括语法、语义、语用分析），都与西方思维方式的逻辑性密切相关。而汉语语法出现较晚，这从一个侧面反映出中国传统文化中抽象思维不如印度和希腊文化，语法规则反映着人类思维的逻辑规律。英语思维重逻辑、分析，汉语思维重悟性、直觉，这使得英汉两种语言在句式结构上差别巨大，即英语重形合而汉语重意合。即英语句子以主谓结构为主干，控制句内各成分之间的关系，其他动词只能采用非限定形式，表示其与谓语动词的区别。英语句子虽然看起来烦琐累赘，实际上则是通过严整的结构表达出一种中心明确、层次清楚的逻辑意念。而汉语句子主要是连动句和流水句，不是突出以说明主语的谓语动词为中心，而是按时间先后顺序的客观事理的推移。陈安定先生举的一个例子可以生动地说明这一区别：The isolation of the rural world because of distance and the lack of transport facilities is compounded by the paucity of information media. 汉语的译文为："因为距离遥远，交通工具缺乏，农村与外界隔绝。这种隔绝又由于通信工具的不足而变得更加严重。"比较这两句，英文句中只有一个主语和一个谓语动词，其他都用名词和介词的形式将句子连成一体；而汉语句子中采用了数个动词按照事理推移的顺序，一件件事交代清楚。如果让初学英语的中国人将这一汉语译文反译回去，常见的英文译文就更加清楚地显露中国人思维的特点了：Because there is a great distance and there are not enough transport facilities, the rural world is isolated. This isolation has become more serious because there are not enough information media. 汉学家王力先生也曾说过："英语是'法治'的，汉语是'人治'的"，"西洋语法是硬的，没有弹性；中国语法是软的，富有弹性。……所以中国语法以达意为主。"因此，汉语句子意连形不连，英语句子则以形连表意连。

六、具体与抽象的差异

从思维的结构分析，整体思维似乎偏爱具象的思维模式，即人们可能以经验为基础，通过由此及彼的类别联系和意义涵摄，沟通人与人、人与物、人与社会，达到协同效应。而抽象思维是运用概念进行判断、推理的思维活动。从总体上看，传统的中国文化思维具有较强的具象性，而西方文化具有较强的抽象性。具象思维所依托的类比、比喻、象征等思维方式在汉语中被广泛使用，它们不仅是文学中常用的一种艺术手法，也是人们借以交流思想、表情达意的重要工具，对中国文化的影响极其深远。造成中国人具象思维突出的一个主要原因是中国的象形文字。作为象形文字，它的核心是模仿象形以指事会意，而不是笔画的准确无误。英语是拼音文字，以单词形式出现，而单词又是由一个个独立的、可分离的字母按照一定的规律组合而成，因而是可以重新分解的。而且，拼音文字距离形象比较远，是以声音通向语义，自然获得较高的抽象性。心理学的实验证明，象形的汉字对大脑的思维过程发生不同于拼音文字的影响。由于汉字是左右脑均势，促进了负责形象思维的右脑的发展。而拼音文字是左脑优先，促进了负责具象思维的左脑的发展。汉字与拼音文字在“义”与“形”的关系上截然不同，拼音文字中音、义之间没有直接的关系，形、音完全分离；而汉字的形、音、义是统一体，形、义之间的联系强于音、义之间的联系。我们在英语文字上很难在一个单词或短语上直接产生相关的形象感；而只要看到“玫瑰”二字，就能立即产生出玫瑰的形象甚至香味，一看到“雷电”二字，就能立即产生出关于雷电的感受。体现在语言上，汉语用词倾向以实的形式表达虚的概念，以具体的形象表达抽象的内容，不强求语言形式，少用连词，多无主句少被动语态句，形文求全面不怕重复，词句求平衡与对称。例如：知彼知己，百战不殆；不知彼而知己，一胜一负；不知彼不知己，每战必殆（《孙子兵法》）。句中只用了一个连词“而”，不用加上以下括号中的连词，因果关系就已很明确了；（若）知彼（而又）知己，（则）百战不殆；（若）不知彼而知己，（则）（将）一胜一负；（若）不知彼（且）不知己，（则）每战必殆。而英语倾向于使用表达同类事物的整体词来表达具体事物或现象，用词倾向于虚，大量使用抽象名词和介词。尤其在现代英语中，出现了介词替代动词、形容词，甚至一些语法结构的现象。试比较以下英汉表达：“这本书太难，我看不懂。”译成“The book is above/beyond me.”比“The book is too difficult for me to read.”显得更简练，生动。“他骑车来此。”句中有两个动词：骑（ride）与来（come）。受汉语思维模式的干扰，英语学习者易将之译为：He rode a bike to come here。但更正确的译法应是：He came here by bike.

七、归纳与演绎的差异

这就是特定的思维模式与语篇组织规律紧密相关的一个典型例子，即有什么样的思维模式，就会有什么样的语篇组织结构。

东方人说话写文章往往表现出把思想发散出去还要收拢回来，落到原来的起点上，这就使话语或语篇结构呈圆形，或呈聚集式。在谈论某个问题时，不是采取直线式或直接切题的做法，而是采取由次要到主要、由背景到任务、从相关信息到话题的发展过程，往往把诸如对别人的要求和意见，以及自己的看法等主要内容或关键问题保留到最后或含而不露，这是一种逐步达到高潮式。而演绎法不仅成为西方学者构建理论体系的一种手段，而且成了西方人比较习惯的一种思维方法。他们谈话写文章习惯开门见山，把话题放在最前面，以引起听话人或读者的重视。正如徐念慈先生所描述的，这是一种逆潮式（anticlimax），其特点是“起笔多突兀，结笔多洒脱”。而中方语篇结构是“起笔多平铺，结笔多圆满”。西文语篇是“果”在前，“因”在后，与中文语篇的“因”在前“果”在后形成鲜明对比。当一个美国商人被问及在谈判时他对这种间接或迂回式的话语方式有何感想时，他回答说：“你所需要的全部东西是五个 W（what，where，when，why and how）。没有其他什么了。如果你需要的太多，你就会赔钱的。”如果不了解中西思维的这一差异，在语言交往中就会受到影响。若把中国学生以“看电视的坏处”为题所写的作文，与所学的课文“关掉电视，清净一小时”加以对比，可以进一步看出中西这一思维差异对英语写作的影响。多数中国学生以“随着科技的发展，电视机越来越普及”开头，但在英语为母语的民族看来觉得离题，以“我想建议……所有的美国电视台都依法停播 60 至 90 分钟”开头，直入主题，在中间部分全是论证关掉电视后会给人们所带来的好处，成直线发展的趋势。中国学生语篇的发展呈螺旋式的趋势，在点题前往往要谈看电视的好处，然后才用“但是”一转，导入正文，而从西方的直线逻辑来看有欠严密清晰。另外，中式的主体思维主观性强烈，在结尾不少学生发出“让我们充分利用电视的好处，克服看电视带来的坏处”的呼吁；而英语民族往往强调“物我分立”，追求最大限度的客观性，使读者确信作者并未掺杂个人观点为目标。

第二节　思维方式差异对跨文化交际的影响

一、思维方式的差异对表达和言语的影响

文化是一个与人的存在问题密切相关的大圆圈，这个圆圈的圆心就是某种思维形式。任何文化的本质特征都会通过各自的思维形式反映出来，这是其他一切不同点的基础和来源。“一言而蔽之，东方文化体系的思维模式是综合的，而西方则是分析的。”铃木大拙、弗洛姆把东西方心灵做了一番系统的比较后认为：西方的心灵是分析的、个体的、客观的、普遍化的、概念化的、体系的等。与之相比，东方的特点则可以概述为：综合的、整体化的、主观的、独特的、直观的、非体系的等。有学者认为，东方和西方的思维方式从总体上看具有不同的特征，如东方人偏重人文，注重伦理、道德，西方人偏重自然，注重科学、技术；东方人重悟性、直觉、意象，西方人重理性、逻辑、实证。从主要差别来看，中西思维方式分别属于整体、直觉、具象、归纳思维与分析、逻辑、抽象、演绎思维。而语言是一种社会现象，是人与人的交际工具，也是使人与文化融合一体的媒介。语言随着人类的形成而形成，随着人类社会的发展而发展、变化而变化。语言与人类的社会、文化有着千丝万缕的关系。首先，语言是人类最重要的交际工具，语言在交际中才有生命，人们在使用语言的过程中才会真正学会使用语言。其次，语言是一个符号系统，由形式和意义两方面组成。再者，语言是人类的思维工具和文化载体，思维依赖语言，语言是思维过程和结果的体现，语言是文化信息的代码，一种语言的历史，也是该民族思维活动和文化发展的历史。另外，语言具有特殊的生理基础。比如说“看”这个字，在汉语

里可以说看书，看电影，看见谁。但是在英语里，就要区分，不能说 read a movie，也不能说 watch a paper。在他们的世界里，这两种看是不一样的，衍生开来，在很多其他的事情上，不同的语言环境下的人，在认知和反应上也是大相径庭。

思维方式的差异首先造成的就是言语方式和表达方式的不同。在信息传达上，中国人习惯于形象思维和联想，为了使文章生动、形象，经常使用华丽的辞藻、大量的形容词和丰富的比喻，而且在切入正题之前往往还要运用浓墨重彩的词句来进行很多铺垫。而对于西方人来讲，这种做法只会减弱信息传播的效果，而且往往被认为是空洞和夸大其词。因为西方人的写作风格，特别是英语的写作，比较注重逻辑的紧密和事实的陈述，一般来讲比较低调，即使是一些名人的著名演讲，也没有很多华丽的辞藻。在文风上，中英文也有着不同的表达方式，比如对于记叙文，英语读者习惯于一种以直线式展开占主导地位的思维过程，而那种含蓄委婉、曲径通幽式的文风则只有中国人才会欣赏；对于议论文来说，中国人发达的形象思维对中国风格的议论文产生重大影响，在说理过程中，中国人往往用具体的物象来表达深奥、抽象的道理，这种“取象类比”的方法寓意于喻，使人在获得丰富的联想的同时深刻领悟到某种道理。而这种论说方法如果在西方人看来则是“一头雾水”，因为西方的议论文所采取的是冷静的逻辑论证，语言朴实、层层推进、结构清晰严谨，而且多用长句子，比如德国的古典哲学家们在写作时，有时一个标题就可以占一页纸。中国的表达和言语方式往往是诗意的，而西方的表达和言语方式则往往是冷静的、逻辑性的。因此，在跨文化交流中必须注意这些中西方的差别。

二、思维方式的差异对人生观、世界观、价值观的影响

人生观是关于人生目的、态度、价值和理想的根本观点。它主要回答什么是人生、人生的意义、怎样实现人生的价值等问题。其具体表现为苦乐观、荣辱观、生死观等。人生观是一定社会或阶级的意识形态，

是一定社会历史条件和社会关系的产物。人生观的形成是在人们实际生活过程中逐步产生和发展起来的，受人们世界观的制约。不同社会或阶级的人们有着不同的人生观。价值观是社会成员用来评价行为、事物，以及从各种可能的目标中选择自己合意目标的准则。价值观通过人们的行为取向及对事物的评价、态度反映出来，是世界观的核心，是驱使人们行为的内部动力。它支配和调节一切社会行为，涉及社会生活的各个领域。

价值观是人们对社会存在的反映。人们所处的自然环境和社会环境，包括人的社会地位和物质生活条件，决定着人们的价值观念。处于相同的自然环境和社会环境的人，会产生基本相同的价值观念，每个社会都有一些共同认可的普遍的价值标准，从而发现普遍一致的或大部分一致的行为定势，或曰社会行为模式。世界观是人对世界总体的看法，包括对自身在世界整体中的地位和作用的看法。又称宇宙观。哲学是其理论表现形式。世界观的基本问题是精神和物质、思维和存在的关系问题，根据对这两者关系的不同回答，划分为两种根本对立的世界观基本类型，即唯心主义世界观和唯物主义世界观。

中西方在人生观和价值观上最明显的不同就是集体主义与个人主义的区别。中国人由于采取整体优先与和谐至上的思维定势，因而认同集体主义。在中国人的社会氛围中，祥和、安宁、合作、顺从始终占主导地位，每个人既依赖和顺从于集体，同时又从集体中获得安全与关照。由于西方人由于主要采取分析思维与求异思维来看待事物，因而往往看到的是事物的对立面，强调个体与集体的对立和不协调，他们更注重个人的存在、个人的价值和自我的实现，在逻辑上认为他人是自我实现的障碍。西方的民主思想就是建立在这样的思维基础上，他们在逻辑上把“人”隔离出来成为抽象的和孤立的存在，然后又运用“自然法学说”论证“人”应具有的自然权利，而当“人”们在自然权利所赋予的合理追求出现冲突和矛盾时，就以订立“社会契约”的形式加以解决。因而在西方，人们不崇信集体也不崇信任何权威，而认为任何个体都是平等的和崇高的，不论是集体还是权威都是由契约形成的，因而契约思想在西方的社会关系中获得相当广泛的认同。在西方人看来，个人的权利是神圣不可侵犯的，别人对自己的关心爱护有可能被认为是对自己自由的干涉。从这一点出发，西方人的自卫心理和危机意识比较强，他们的冷漠可能是出于对他人的尊重，而中国人的热情却有可能被看作是对其权利和自尊的侵犯。此外，中西方在对待科学的态度也是不同的，西方人从总体来说相信那些经过分析方法证明的东西，他们相信科学实验，相信问卷调查结果，而不轻易相信经验和直觉，对于中医学他们可能感到比较神奇，出于冒险和刺激心理，有些人可能会接受如针灸和汤药等中医疗法，但是多数人并不认同中医。

三、思维方式的差异形成不同的行为方式和交往方式

中西方由于思维方式的差异而导致行为方式和交往方式的差异。英语中的“我”不论在任何语法结构中始终是大写的 I，而中国人对别人往往自称“在下”“不才”“敝人”等，这样的说法会令西方人认为你非常不自信，而西方那种直来直去的说话方式也同样会让中国人觉得不舒服。西方人习惯于竞争，喜欢表现自我，崇尚冒险、刺激、新颖、花哨，而中国人则往往觉得西方人的这些表现过于张扬，为人肤浅，没教养。中国人由于注重整体优先的思维方式，人际交往时往往不分你我，工作一起干，吃饭付费谁付都一样，而且往往是抢着付钱，而西方人则是明确地分清是非和你我，不论做什么事情都是“先小人，后君子”，彼此之间保密隐私并不认为是不信任，相反，像中国人那样随便打听别人的收入、年龄和私生活，反而会被认为是极不礼貌的行为。中国人在处理各种事的时候，总是要注重“感情投资”，一旦感情破裂“撕破了脸”就再没有弥补的机会，而西方人可以在意见不合的时候跟你大吵大闹，过后却不再计较，在他们的观念里，真理和感情可以做不同的处理。总之，由于文化背景和思维方式上的差异，中西方人在行为方式和交往方式上的差异比比皆是，不一而足。但是，值得注意的是，随着中

西方的交流逐渐增多，中国人和西方人之间的差距也在逐步减小，中国文化正在大量吸收外来文化和西方的思维方式、行为方式，而西方人到中国来之后也能“入乡随俗”，这就给跨文化交流提出新的问题，如果不熟悉这一点，往往也会造成新的误解。此外，伴随西方从现代社会步入后现代社会，很多传统的价值观和交往方式也正在悄悄发生变化，比如我们都认为西方人很遵守时间观念，而事实上在一些非正式场合，西方人也不一定如此，这就有可能给中国人带来某种尴尬。因此，所谓跨文化交往的研究也应该动态、宏观地把握，在实际的跨文化交往中，也必须以实事求是的态度来对待各种不同的问题。但是有一点是至关重要的，那就是宽容精神和求同存异的态度，只有这样，才能够以建设性的姿态处理好不同文化背景之间交往与合作的问题。

第三章　文化融合教育与英语教学

现阶段，多元文化融合已经成为社会发展的必然趋势。在这种背景下，社会融合了不同地区、不同民族的文化。与之相应，教育也在发生着变化。英语教学如果不进行多元文化融合教育，那么学生走出社会后就难以跟上时代的步伐，无法适应转型中的社会。因此，在多元文化融合的大背景下进行英语多元文化融合教育就显得尤为重要。

第一节　英语教学加强多元文化融合教育的必要性

一、多元文化融合教育能推动国际交流及合作的进程

实际上，英语教学最根本的目的便是促使学生与不同文化背景的人进行正常交流，进而提升我国与其他国家及地区的交流及合作。在全球经济一体化的今天，文化领域的相互交融已经变得越来越重要和突出。因此，提高学生的外语交际能力，既是我国国民经济发展的迫切需求，也是我国教育转型的一项紧迫任务。因而，我们应该深刻认识到语言、文化、社会三者之间维持着紧密的联系，英语教学是多元文化融合教育的一个重要环节，而英语教学转型应该集中对教学大纲、英语教材、英语课程教学、课外活动、语言测验进行调整，以推动多元文化融合教育的进程。

二、填补英语文化教育的不足

20 世纪 50 年代，由于一些特定的原因，我国英语教学严重忽略了英语文化方面的内容。因而，这就使得 21 世纪的英语教学的主要方向

变成提升学生的综合素质。在一定程度上说，学习一种新的语言等于掌握一种新的交际技能以及了解一种新的民族文化。学生通过对中西方文化的对比和分析，能够较客观、全面、深入地认识英语文化的要素，同时从多个维度审视和认识该民族的文化，进而在国际交往中能够驾轻就熟、游刃有余。在这种情况下，学生才能具备较强的国际理解力和竞争力，真正地在经济建设中起到良好的沟通和媒介作用，积极有效地推进国际的交流与合作。英语教学在进行多元文化融合教育的时候，英语教师还应该格外注重均衡我国文化与西方文化之间的关系，不仅要将优质的西方人类文化引入我国的英语教学中，还应该将我国文化的精髓传播至西方世界。加深了对国外文化的学习的同时还应加深对自己文化应有的认识。这样的话，学生在以后的工作及学习中便能够尽快适应国外特定的文化环境，也能将我国优秀的民族文化传播至国外，扩宽我国文化传播的途径。

三、熟悉文化是精通语言的核心环节

从传统英语教学的角度来讲，语法、语音、修辞、词汇这四个要素缺一不可。它们不仅属于英语语言的四个部分，还应该归属于我国英语教学的中心任务。然而因为语言与文化是密不可分的统一整体，所以事实上，对以上四个方面内容的全面了解，也只能算作对语言的部分内容的了解，而不是对语言全部内容的了解。

世界上任何一种语言均不同程度上反映了某一地区或某一民族的文化，隶属于文化；同时语言又是传播文化的一种工具，自身带有某种文化气息。就拿英语来说，如果学生仅仅了解英语的语音、语法、词汇、听力、阅读、写作等知识和技能，却不了解英语语言所承载的文化，那么他们就难以完全理解并正确使用英语。这是因为文化在人们思维方式的形成过程中起着决定性的作用，文化在语言表达方式的形成过程中也起着决定性的作用。

总的来说，语言与文化之间保持着紧密的内在联系，二者之间相互影响、相互交融。语言渗透于文化的各个层面，是文化不可分割的一部分，因此语言的学习不可能脱离文化而单独存在。从某种特定角度来讲，英语教学实际上就是多元文化融合教育的一种形式，多元文化融合教育也是英语教学的一个主要内容。

四、多元文化融合教育是实现多元文化交际的重点

一般情况下，我们认为英语教学的宗旨便是提升学生的英语交际能力。

近年来，我国与世界各国之间越走越近，英语作为国际通用语言的作用也日渐突出，社会也变得迫切需要英语人才。在这种情况下，教师在英语教学中，不仅要向学生传授语音、词汇、语法、听力、写作、阅读等语言基础知识，培养学生的听、说、读、写、译能力，还要向学生传授英语的背景文化知识，包括历史、地理、风俗习惯等，特别是要引导学生了解中英文化的差异，最终培养学生的多元文化交际能力。而多元文化交际能力的提升，能够促使学生在以后的工作、学习生活中与其他人尤其是外国人保持畅通的交流，在一定程度上提升我国的国际交往能力。

第二节　英语教学实施多元文化融合教育的原则

实践证实，只有当我们准确认识到实施多元文化教学的基本原则的前提下，各项文化教学工作才能得到顺利开展。多元文化教学的内容应有机地融入英语教学系统中去，使语言知识和技能的教授与文化的介绍同步进行，进而实现语言习得与文化习得的一致性。一般情况下，英语教学在实施多元文化融合教育的时候应该遵守以下八个原则。

一、理论联系实践的原则

理论联系实践原则重申了英语教师在开展文化教学活动的过程中，

不仅要为学生传输文化方面的知识，还应该为学生设计出特定的情景，促使他们灵活使用在课堂上学到的文化知识。我们只有在运用了知识以后，才能加深对知识的理解。单纯的文化知识讲解并不能有效地提高学生的语言运用能力，学习的最终目的是运用，也就是“学以致用”。如果文化教学一味地以“输入”为主要方式，那么结果是学生记忆了许多文化知识，但是在进行多元文化交际中仍然屡屡受挫。因而，理论联系实践是英语学习最有效的一种途径。

二、适度原则

适度原则主要包括教材的适度和教学方法的适度两个方面的内容。教材的适度是指英语教材的内容主要是主流文化；教学方法的适度是指教师应采用能够激发学生自主学习的探究式或研究式学习方法。文化教学在内容设置方面不仅要参照教学任务和目标要求，还要考虑学生的接受能力，适度地选择合适的文化内容。此外，适度原则还体现在课时的安排方面，过于深入或是宽泛的文化教学势必会占用过多的课堂时间，影响整体的语言教学质量。因而，英语教师只需要点出相关的基础知识及技能，在对课程教学目标不产生影响的前提下，适当地添加一部分文化知识，这才是英语教育的有效方法。

三、相干原则及实用原则

英语教学触及的文化内容往往多种多样，然而这些内容不能全部成为文化教学的内容，终归教师的精力及课程时间是有限的。所以，我们必须选择那些与学生日常生活密切相关的文化内容，这样才有助于激发学生的积极性。除此之外，由于英语始终是为交际服务的，我们在选择英语教学内容的时候还应该选择多元文化交际中所涉及的文化内容。

四、交际性原则

文化教学的核心内容便是多元文化交际教学，文化教学的主要目的是培养学生在多元文化融合情境中的实际交际能力。因此，文化教学应充分考虑教学内容的“交际性”。从文化词汇的角度来讲，英语教学的重点应是词汇中蕴含目的语文化的部分语义；从语言交际的角度来讲，英语教师需要为学生传输多元文化交际过程中容易引发文化歪曲或者文化摩擦的文化知识。

五、理解文化的原则

理解文化的原则表示学习语言者能够充分认识到英语文化与母语文化之间的差异，并且能够在多元文化交际中保持得体状况。如果人们不能理解文化的内涵及其所代表的含义，那么便无法顺畅地进行双语交流。这就要求英语教师在进行文化教学时应充分说明母语文化和英语文化差异产生的根源，并且在进行教学评价时不能简单地用母语文化中的价值观去评价英语文化。

六、循序渐进的原则

循序渐进的原则要求英语教师在开展教学活动的过程中，进行阶段式教学、层次性教学，从简单的内容出发，逐步加深教学内容的深度及广度，同时英语教师所选择的教学内容还应该贴合学生的实际能力。在文化教学的初始阶段，以日常生活的主流文化为主。在中间阶段，可以教授文化差异带来的词语的内涵差异及其运用差异。在最后阶段，可以渗透一些文化差异导致的思维方式、心理方式以及语言表达差异，使学生更深层次地了解英语文化。只有通过这种循序渐进的教学方式，才能逐步激发学生学习英语的热情及积极性，使他们充分认识到英语文化的真谛，进而将所学到的英语知识运用到实际交往活动中。

七、普遍性原则

英语教学中还应该坚持普遍性的原则。这主要是因为世界范围内有相当一部分国家及地区的人们在日常生活中使用英语来进行交流，每个国家和民族在语言文化方面都有其共同点和特殊之处，而我们要教授的应该是英语国家所共有的文化知识和模式，而不是某一个民族或群体所特有的地域文化，更不是单独的或个别的文化现象。固然，我们在开展英语教学活动的时候，也应该适当地涉及语言文化及非语言文化中特殊的、典型的或者具有较大影响力的民族文化相关内容。

八、比较原则

比较不仅是教学方法的本质，也是文化教学的基本原则。学生唯有对母语文化及英语文化进行比较，才能够发现二者之间的差别及共同点。例如，某词语在汉语和英语中的概念意义和内涵意义都基本相同，或者某词语在两种语言文化中的概念意义相同，然而内涵意义有区别，再或者某词语在两种语言文化中的概念意义相同，但是只在一种语言中有内涵意义。这三种情况广泛存在于英语教学中，且只有经过比较才能够凸显出来或者被学生领悟。

第三节　英语教学中多元文化融合教育的内容与目标

一、英语教学中多元文化融合教育的内容

（一）国内学者对英语教学中多元文化融合教育内容的研究

从英语教学中多元文化融合教育的内容来讲，国内相关的学者主要分成两大派，其中一派主张单一型的观点，另一派主张综合型的观点。

1. 单一型的观点

我国部分学者认为英语教学的多元文化融合教育的主要目的是使学生学会纯粹的英语，提升学生的多元文化交际能力，以使他们在英语文化环境内也能与当地人进行语言交流。基于这一点，他们认为英语教学

中的多元文化融合教育的内容就应该以英语文化为主，越是扎实地掌握英语国家的历史、文化、传统、风俗习惯、生活方式等，就越能恰当地使用这一语言。

2. 综合型的观点

还有一部分学者主张综合型的观点，他们主张除了英语文化以外，母语文化也是英语教学中的多元文化融合教育的重要内容。这部分学者所持有的观点主要立足于以下两个方面的内容。

一方面，我国的英语教学是一种国际语言教学，因为作为一名英语学习者，不仅需要和英语语族者进行交流，在更多的情况下需要和非英语母语的人进行交流，也就是要实现双语文化的交叉交际。因而，如果学生对非英语文化的认识不够，便极有可能造成交流方面的障碍，严重者还会造成冲突。

另一方面，随着我国与其他国家经济交流文化交流的加深，英语语言的实用性功能逐渐凸显出来。简而言之，无论哪一种观点，多元文化教学的具体内容都应该包括言语文化非言语文化及交际文化三类。

（二）国外学者对英语教学中多元文化融合教育内容的研究

国外相关学者先于我国学者对英语教学中的多元文化融合教育进行了研究，且这部分学者的研究较为全面地囊括了英语教学方方面面的内容。以下主要对部分具有代表性的国外学者的看法进行介绍。

1. 斯特恩的看法

20 世纪 80 年代，加拿大研究第二语言教学问题的专家斯特恩（Stern）发表了《语言教学的基本概念》（Fundamental Concepts of Language Teaching）一书，从多学科的角度对语言教学进行了介绍。其中便提到了语言学习往往包含了六种多元文化的教学内容：

（1）宏观的民族及社会。

（2）微观的个体及其生活方式。

（3）制度、习俗。

（4）地理。

（5）历史。

（6）艺术、音乐、文学及其他成就。

2. 克拉姆契及摩尔的看法

美国伯克利大学的语言学教授克拉姆契（Kramsch）则认为多元文化的教学内容应该从学习者理解自己的文化行为、个性特点、矛盾、偏见等开始进行，文化学习要具有多面性和多元化，文化学习的一个主要价值就是使学习者形成对母语文化的深刻理解。摩尔（Moore）赞成了克拉姆的看法，并指出了多元文化融合教育的教学内容应该算是，全语言的一个有机组成部分，而学生是语言教学的关键因素。

3. 弟赖斯的看法

1942开始，美国的应用语言学家弟赖斯（Fries）及其学生拉多（Lado）等人集中探究了文化在语言教学中的重要作用。弟赖斯从语言教学的立场出发，认为文化内容应该融入外语教学中。他也指出，在各个阶段的语言学习中，有关民族文化和生活方式的多元文化融合教学内容都是不可或缺的部分。语言既是实用语言课程的重要组成部分，也是语言教学整体的目标及任务。

4. 查斯顿的看法

20世纪70年代，美国的外语教育家查斯顿（k. chastain）指出了多元文化教学应该首先从狭义的文化的角度出发，而后再逐渐转变至广义的文化。他提出了学生必须了解的一些文化知识主题，也可以看作讲授狭义文化的纲要，这部分内容主要包括仪表、广告、人口、礼貌用语、学生生活、家庭、父母、亲戚、职业、恋爱婚姻、成就、教育、饮食、穿着、朋友、文娱活动、快乐、金钱、青年、度假、经济制度、纪律、仪表、身势语、环境污染、报纸、交通等。

二、英语教学中多元文化融合教育的目标

国内学者与国外学者对英语教学中的多元文化融合教育的目标的认识也存在一定的差异。以下主要从国内学者、国外学者两个方面进行具

体探究。

（一）国内学者对英语教学中多元文化融合教育目标的认识

我国部分学者指出从我国学生的角度来看，英语教学中的多元文化融合教育的目标不仅是工具性的，也不仅是为了使学生学会并掌握生存的交际技能，更不是为了将我国学生完全变成西方人，而是从总体上出发来提高学生的社会文化能力。这些学者将英语教学中的多元文化融合教育的目标细分成三个层面，分别是微观层面、中观层面和宏观层面。其中，微观层面的英语教学中的多元文化融合教育的目标是提升学生的交际能力；而宏观层面的英语教学中的多元文化融合教育的目标是提升学生的社会文化能力，即运用已掌握的知识、技能对社会文化信息进行有效的加工，使人格向更能充分发挥潜能的方向发展的能力。而社会文化能力具体又由语言能力、语用能力与扬弃贯通能力组成。这些学者格外重视多元文化融合教育与人格的内在联系。他们认为多元文化交际能力培养的目标是人格，其基本前提是人的成长，而纯粹的道德说教无法培养人格，应该借助于特定的训练活动。他们指出“是什么”和“成为什么”远比“了解什么”和“做什么”重要。简而言之，这部分学者认为英语教学中的多元文化融合教育的主要目标是提升学生的多元文化交际能力、培养学生的人格。

部分学者认为英语教学工作者应该脱离以往的文化教学目的工具观。这些学者提出这样的观点是有自己的理由的，即人的世界观、价值观和人生观的形成受到文化的深刻影响，如果将文化教学的目的等同于学会交际工具，那么这种观点过于狭隘。除了以上强调文化教学与培养学生人格、价值观的关系外，学者们还指出文化教学应该在理解和运用的基础上，培养学生在真实交际中的创新能力。

还有一部分学者英语教学中的多元文化融合教育的目标应该是培养大学生的文化创造力。所谓文化创造力，是指外语学习者在多元文化交际中，运用外语文化知识并使之与本国文化相互作用的一种创新能力，也就是学生主动从外国文化的源泉中摄取新事物的能力。除此之外，这部分学者还提到了从长远来讲，文化教学不仅仅是语言教学的主要目标，还是激发学生创造力的一种有效方法。

综上所述，我国教育学界相关学者主张英语教学中的多元文化融合教育的目标不仅仅是帮助学生学会运用英语这种语言交流工具，更深层次的目标是转变他们的人生观、世界观、价值观，使他们适应社会发展的实际需求。

（二）国外学者对英语教学中多元文化融合教育目标的认识

1. 诺斯特兰的看法

20 世纪 70 年代，诺斯特兰（Nostrand）等学者对多元文化交际进行了深入探究，还涉及了一整套完备的方案，目的在于使学生不单单了解文化事实，更要学会分析、对比不同的文化。他们主张英语教学中的多元文化融合教育的主要目标应该包含以下几个方面的内容：

（1）能够合理解释某种特定的行为方式。

（2）能够对所观察到的社会文化行为进行完整的描述或归纳。

（3）能够准确辨认作为例子出现的行为方式。

（4）能够在社交场合内做出得体的反应和行为。

（5）在一定的情景中，能够对某种格式的使用方式进行合理的、精准的判断。

（6）保持对目的语文化广泛接受的态度，能对这些内容加以描述或展示。

2. 西利的看法

美国的语言学家西利（seelye）充分肯定了诺斯特兰的看法，并对英语教学中的多元文化融合教育的目标进行了补充及完善。他主张英语教学中的多元文化融合教育能够使学生获得一种对英语文化的理解力、文化态度，使他们能够在英语的环境中合理地解决各种矛盾。

3. 托马林及斯特姆斯的看法

在西利的研究基础上，英国教育学家托马林（Tomalin）及美国学者斯特姆斯（stemleski）对文化教学的目标进行了完善，他们主张多元文化融合教育的目标应该包括以下几个方面的内容：

（1）使学生渐渐了解文化对人们行为举动的主要影响作用。

（2）使学生深入理解目的语文化对人们日常行为的各种规定。

（3）使学生逐渐明白人们的言行受到年龄、性别、居住环境以及社会阶层等因素的影响。

（4）使学生更加熟练地运用实例对目的语文化进行评价和完善。

（5）使学生对目的语当中词语背后的文化内涵获得更加深入的了解。

（6）使学生增强对目的语文化的渴望意识，鼓励他们与目的语文化的人们进行交流。

（7）使学生提高查找及整合目的语文化信息的能力。

4. 莫兰的看法

与其他的学者相比，法国的教育学家莫兰（Morin）则侧重于多元文化融合教育的语言基础及发展演变的研究。他指出了多元文化融合教育与外语教学的区别是多元文化融合教育的目标应该包括外国文化的学习等，而外语教学中的多元文化的教学目标应该只是引导学生理解外国文化。然而，在外语教学中，学生必须首先获得一定的语言水平，才能深刻地理解和体会外国文化。因此，外语教学中的多元文化教学应该建立在语言教学的基础之上。除此之外，从学校教育的个人取向及社会取向的角度来讲，多元文化融合教育能够在一定程度上引发个人文化观念的转变及社会的变化。

综合上述学者的观点，我们可以发现文化教学的目标并不是固定的，而是随着时代的发展而发展的。将这些发展中的教学目标加以总结，得出外语教学中的多元文化融合教育的最终目的是增强学生对外语文化和母语文化之间差异的认识，丰富学生外语学习的经历，帮助学生突破母语特定文化交际的模式、范围，进而培养学生对外语文化规约的认同态度以及尊重的态度，帮助学生在交际中实现从适应过渡到跨越，进而实现超越的多元文化交际过程。可见，英语教学中的多元文化融合教育的最终目标便是使学生的发展适应社会的发展，英语教学的目标是培养迎合社会需求的人才。

第四章　文化融合与英语教学研究

第一节　跨文化交际与英语教学

一、中西文化差别及跨文化交际

（一）中西文化差别

中西方文化在本质和表现形式上存在很大差异。大多人认同的看法为：中国文化是一种伦理文化，儒家伦理是精神基础，注重“天人合一”，群体文化是主导价值观。西方文化是一种宗教文化，源头为希伯来文化、希腊文化、罗马文化，体现为理性精神、人文精神、宗教精神的统一。西方文化注重“以人为本”，强调个体主义，以个人自由为价值核心，扩展为对外的平等与对己的自尊与严肃的态度，尤其强调个人的价值与尊严、个体的特征与差异。西方人往往有着不断追求完美、追求无限的精神。

中国文化讲究和、礼，集体归属感强，强调团体、沉着、坚定，但有时过于盲从，缺乏主动性，创新精神不够，严谨性不够。而西方人崇尚理性，善于逻辑分析，注重细节，执着，富于主动性，强调个性。中国人偏重精神感受，西方人注重实用。中国人重悟性、辩证思维，西方人重理性、逻辑思维。中国人谦让，西方人直率。

（二）跨文化交际

随着中国改革开放的进一步深入，国内各地区、各民族文化的广泛融合，国际合作和文化交流的扩大，以及中国加入世界贸易组织，跨文化交际的时代特征也适合于中国的国情，它必将给中国的教育尤其是外语教育带来深远的影响。

但是在外语教学史上，由于受结构主义的影响，将语言和文化截然分开，结果造成人们在对外交际中常常误会。随着我国在各个领域对外交流的进一步加强，英语教学中的跨文化得到了更多的重视。语言学家拉多就曾经说："我们不掌握文化背景就不可能教好、学好语言。"因此，英语教学中，培养、加强文化学习十分必要。

学习一种语言，交际是目的，语言是方法，文化是背景，为此我们不但要学习语言本身，而且更应该学习这种语言所代表的文化。在当今的信息时代，文化已经成为人们生活和工作中不可缺少的组成部分。而交际文化在语言教学中比知识文化更重要。如果不懂得某种交际文化，交际就会失败。跨文化交际向国际化、多元化发展，全社会需要大量综合发展的复合型人才，然而各民族处于不同的自然地理环境，历史背景和宗教信仰都不同，他们在各自的语言环境中形成了不同的语言习惯。不同民族之间的文化差异有许多事表现在语言交际中，因此，要想顺利地完成交际，就必须把语言知识和文化知识结合起来。对外语教学者来说，交际文化素养的习得与跨文化交际能力的培养关系到教学效果的优劣和实际运用语言的能力，因而在英语课程教学中，不应该只是学习语法和词汇，更应该了解以文化为基础的交际形式、特定场合下的口头及书面表达风格，通过多种教学手段和策略在课堂内外不断地渗透文化意识并指导学生在实践中运用，激发学生学习的积极性，拓宽学生视野，丰富学生知识，以达到学习外语的目的。

二、跨文化交际英语教学

（一）跨文化交际内容

文化从广义上讲是"人类在社会历史发展过程中所创造的物质财富和精神财富的总和"，从狭义上讲是"一种生活方式，是我们生存、思维、感觉和与别人发生关系的环境，是联结人们的黏合剂"。归纳起来，跨文化交际包括以下五个方面的内容：

（1）语言交际。包括词汇、习语、语法、语段、文章等。

（2）非语言交际。包括面部表情、眼神、手势、姿势、体态等。

（3）交际习俗与礼仪。包括打招呼、称赞、称谓、访友、做客等。

（4）社会结构及人际关系。包括家族关系、亲戚关系、朋友关系、同事关系和社区关系等。

（5）价值观念。包括人们的信仰、看法、观点等。

因此，我们的跨文化交际内容就是要学习了解目的语的以上方面的内容。

（二）跨文化交际英语教学步骤

摩根认为："一个人的母语文化认知图式是自然形成的，而目的语文化的认知图式必须有意识地对待，因为这是一种特定的思维模式。"所以我们在教学过程中应充分发挥想象，设计各种各样的活动提高学生对英语学习的热情，加深他们对英语的理解。下面为教学活动的步骤。

1. 准备阶段

针对教学内容中所包含的文化知识，教师首先要了解学生已经掌握的程度，其次教师可以采取教师讲解、问卷测试、直接问答、词汇联想、图片实物展示等方法让学生对于将要学习的内容有一个初步的了解，使学生对将要学习的内容有大致的了解。

2. 讲解阶段

教师针对所学内容的特点采取不同的方法，使学生学习效率最大化。

（1）对比法

涉及语言交际方面的内容，如汉语里"像老黄牛一样勤恳""力大如牛"在英语里却要说"work a sahorse""as strong a sahorse"。中国人都是用牛耕地劳作，而英国人却是用马来耕作的。同样，汉语有"害群之马"的俗语，英语中翻译为"black sheep"。

涉及非语言方面的内容，如外籍教师穿着很随便，在公开场合甚至可以穿短裤，上课时有的还坐在课桌上，嘴里嚼着口香糖。中国教师则不会这样。

交际习俗与礼仪。中国人在饭桌上喜欢互相劝酒，而这在西方人眼里就是强人所难的举动。西方国家，孩子在家可以随便称呼父母长辈的名字，而这在中国是很不敬的行为。在西方国家，两个好朋友一起出去吃饭喜欢 AA 制，而这在中国人看来是不讲朋友情面的事情。在价值观念。多数西方人个人价值至上，追求个人成功，而中国人倾向于社会、集体价值至上。

（2）翻译法

英语学习者存在的一个共同问题是：当我们在做翻译练习时，目的语中没有生词，但英汉两种语言在词汇、语法、句型结构等方面有很大差异，导致我们翻译出来的语句不符合目的语的习惯，所以典型句子的翻译在提高翻译水平的同时也增强了学习者的文化意识。如：

Think you. 我很想你

You how go to school. 你怎么去上学啊。

You give me stop. 你给我站住。

Give you some colour see see. 给你点颜色看看。

以上都是学习者在初学阶段很容易犯的翻译错误，主要是由于我们对英语语言、语法及文化缺乏了解导致的。

（3）互动法

通过英语教师与英语学习者之间的互动交流，让学生联想具有类似文化差异的中西方不同词汇或语言现象，以增强英语教学效果，提高英语学习者的学习水平。

3. 习得阶段

跨文化差异的学习最终目的是使得学习者掌握差异，从而在交际中更加得体恰当。而这些差异的理解和掌握也要通过不同的课内外活动的练习而习得。如：角色扮演；努力创造跨文化交际的机会，如创造条件使学生有与外籍人员面对面交流的机会；使用一定比例的国外原版教材，并努力提高自编教材的真实性；充分利用现代化教学手段；充分利用外籍教师；引导学生阅读外国文学作品、报刊文章，推荐学生观看体现文化背景、风土人情、社会习俗等内容的电影；开展丰富多彩的课外活动，诸如文化讲座、知识竞赛等，引导学生逐渐养成自觉吸收不同文化的学习态度。

（三）跨文化英语教学阶段框架

小学、中学、大学到走出学校后各个阶段学习者英语学习都有其特点。小学英语教学的目的就是培养学习者英语学习的兴趣和对外国文化的好奇心，培养一定的语感和良好的语音、语调基础，掌握一定的英语语言知识和英语交际能力。中学英语教学的目的是使学习者全面、系统掌握英语语言知识，了解目的语文化，并应用这些语言和文化知识熟练地进行日常交际，同时培养较强的跨文化意识和一定的跨文化交际能力。大学英语教学的目的是通过专业英语学习，或以内容为基础的英语学习，学习者进一步巩固和提高他们的英语基础知识和应用能力，通过各种形式的文化学习和跨文化交际体验来增强他们的跨文化意识和跨文化交际能力，从而发展成为具有较强跨文化交际能力和进行独立专业学习能力的人才。走出学校后进行英语学习的目的是通过参加各类培训，或通过各种社会和工作实践，学习者进一步巩固和提高他们的英语交际能力和跨文化交际能力，同时增强他们自主学习的能力，培养他们终身学习的思想。这一框架不仅是英语教学的需要，也是培养新时代跨文化交际人才的需要，因此应引起英语教师及英语学习者的高度重视，成为英语教学和学习的基本内容。

三、外语教学中跨文化交际能力的培养

（一）外语教学与学生跨文化交际能力培养

对于跨文化交际学的研究不仅有助于人们预见和解决现实生活交际中出现的诸多问题，增强我们对世界各国文化的了解，同时也可以拓宽

语言研究的社会面，将语言研究和跨文化研究有机地结合起来，这不仅在理论上必要，而且对于外语教学实践有实际意义。对这门学科的深入研究，不仅提供探讨语言交际的新的理论依据与角度，而且也使外语教学的内容得以充实与丰富。跨文化交际与外语教学密不可分，这是因为外语教学不仅仅是传授语言知识，更重要的是要培养学生的交际能力，尤其是灵活有效地运用外语进行跨文化交际的能力。因此，从这个意义出发，将外语教学看作是跨文化教育的一环更加恰当。随着改革开放的深入发展，中国迅速地走向世界，社会上对大学毕业生的英语实际运用能力提出了更高的要求。但是在这些方面，我们的教育却明显滞后。究其原因，一方面在于普遍的应试教育带来的相当的负面影响，另一方面在于传统的外语教育观还深深地束缚着我们教师的手脚。目前我们外语教学中存在的问题概括起来有三个方面：首先，把学习语法和词汇当作外语学习的全部。这样教育出来的学生不但发出信息的能力很差，而且获取信息的能力也很差，综合交际能力低下。其次，学习方法陈旧。受传统汉语学习的影响，注意力往往集中在词、句的理解上，而较少注意篇章；往往重视信息的接收，却忽略信息的发出。最后，虽然综合语言能力较强，但是跨文化理解能力差，缺乏社会技能。语言失误很容易得到对方的谅解，而语用失误、文化的误解往往会导致摩擦发生，甚至造成交际失败。

（二）跨文化英语教学与传统英语教学的区别

长期以来，在英语教学实践中，我们更多的是重视进行听、说、读、写等语言基础知识的训练，认为学生只要掌握了语音、词汇和语法规则，就能理解英语和用英语进行交际，而忽视了文化教学，尤其是学生跨文化交际能力的培养。实际上，由于学生缺乏语言的文化背景知识，不了解中西文化的差异，在英语学习和交际中屡屡出现歧义误解、语用失误的现象。如听到别人赞扬时，美国人一般表示接受赞扬，中国人则一般表示受之有愧；中国人召唤他人走近时常用手心向下、手指向内连续弯曲的手势，而外国人则用四指弯曲食指向内勾动的手势。

Freeze英语含义是“结冰、冰冻”，而美国人却在日常用语中表示“站住、不许动”。

跨文化英语教学与传统英语教学在教学目标和教学内容上的不同决定了它们教学的原则和方法不同。跨文化英语教学既要关注外语教学的语言文学目标，又重视外语教学的社会人文目标，它在教学原则和方法上与传统外语教学最大的区别如下。

1. 语言教学与文化教学有机结合，语言与文化互为目的和手段

英语语言的学习是文化学习的手段，文化学习和跨文化交际是英语学习的目的；文化学习为英语学习提供了丰富多彩、真实鲜活的素材和环境，是英语交际能力培养的重要保证。语言教学与文化教学的结合贯穿外语教学的各个阶段、各个环节。

2. 跨文化英语教学特别重视调动学习者的各种学习潜能和机制，多层次多渠道地进行教学

语言的学习和文化的学习都是一个终身学习的过程，学习者不可能永远依赖老师进行学习。自主学习能力的培养和文化学习方法的探索是跨文化英语教学的重要内容。所以跨文化交际能力的培养需要学校教育与社会实践相结合，跨文化英语教学特别重视调动学习者的各种学习潜能和机制，充分利用各种教学手段多层次、多渠道地进行教学。跨文化交际能力的培养过程就是学习者的认知、情感和行为不断变化的过程，它需要学习者积累知识，转变态度，调整行为，发展技能。这种学习要求只有通过开发和应用多种教学手段才能得到满足，日益发展的多媒体网络技术为此开辟了新的途径。

3. 跨文化英语教学重视学习者本族文化的作用，并将认识、反思和丰富本族文化作为教学目的之一

比较和对比是实现这一教学目的的主要方法，学习者在英语语言学习和文化学习过程中，不断地将本族文化现象与其他文化的相关现象进行比较和对比，形成对本族文化的再认识。

4. 跨文化英语教学体验探索式的教学方法的作用非常明显

跨文化英语教学虽然说是说教式教学方式与体验探索式教学方法并举，但后者的作用非常明显，因此英语教学不能只单纯注意语言教学，对文化背景知识的了解是培养学生跨文化交际能力的前提。我国学者胡文仲指出，只注意形式而不注意语言的内涵，是学不好外语的。在英语教学中，必须加强文化教学，帮助学生在学习语言时了解和掌握与本国国情不一致的他国事物、现象和文化，提高对文化的敏感性，就可以利用他们发自内心地想了解其他民族的兴趣和动力，提高和完善其语言交际能力，真正实现我们外语教学的目的。外语教学必须重视文化之间的差异，要注意不同文化背景、社会价值观和思维模式的关系。教师应该充分利用各种手段加强语言文化导入，向学生进行文化渗透，融语言、文化于一体，让学生能同时学到语言知识和文化知识，从而提高学生的跨文化交际能力，使学生们在实际中正确运用语言。

（三）跨文化交际英语教学策略

外语教学的根本目的就是为了与不同文化背景的人进行交流，实现有效的跨文化交际；全面提高外语教学的水平，大幅度地提高学生的外语实际应用能力。这不仅是中国经济发展的迫切需要，同时也是跨世纪的中国高等教育的一项紧迫任务。为了实现这个目标，我们要真正认识到外语是跨文化教育的关键的一环，把语言看作是与文化、社会密不可分的一个整体，并在教学大纲、教材设置、课堂教学、语言测试以及第一课堂里全面反映出来。

人类的交际不但是一种语言现象，也是一种跨文化现象。英语教学的目的是为了交流，而在我国目前的教学体系中，英语教学的侧重点都放在了语言知识的传授上，忽略了跨文化交际能力的培养。因此，教师要转变自己的观念，切实认识到文化冲突的危害性和培养学生跨文化交际能力的重要性，同时还要采用相应的策略和办法。

1. 转变观念

在我国，外语教学大多只在课堂上进行，教师起着绝对的主导作用。教师倘若只把重点放在语法和词汇教学上，学生就不可能掌握语言的实际运用，也无法获得跨文化交际的能力。因此，授课教师要转变观念，切实认识到文化冲突的危害性和培养学生跨文化交际能力的重要性。通过加强学习，不断进行知识更新，提高自身的综合文化素质，切实全面地把握英语文化知识教育的量与度以及教学的具体步骤和方法，加强师生互动，增强课堂氛围，注意课下引导和点拨，全面提高英语教学水平，以达到预期的教学目的。

2. 改进传统的教学方法

一直以来，英语教学都把侧重点放在了语言知识的传授上，而忽略了跨文化交际能力的培养。为了改变这种局面，我们应该改进单一呆板的教学方法，从质和量两个方面对课堂教学中的文化教学加以控制，并利用如电影、互联网等先进的现代化的教学手段来充分调动学生的学习积极性和主动性。同时，还可以举办一些专题讲座，以满足学生的求知欲望，为培养出具有较高跨文化交际能力的人才搭建知识平台。

3. 引导学生广泛接触西方文化知识

大学里学生有充分的可支配时间，仅仅依靠教师在课堂上的教学来培养跨文化交际能力是远远不够的，教师要引导学生充分利用课外时间广泛阅读西方英语文学作品、报纸杂志等材料，从中汲取文化精华，提高文化素养，拓宽文化视野，增强跨文化交际能力。另外，还要鼓励学生直接与外教交流，听外教做报告或讲课，在交流中起到潜移默化的作用。

(四) 跨文化英语教学的原则

跨文化英语教学与传统的英语教学在教学目标和教学内容上都有着很大的不同，因此在教学方法和原则上也必然有所不同。跨文化英语教学的基本出发点是将英语作为国际通用语进行教学，将培养跨文化交际能力作为教学的最终目标。正因为如此，教学内容大大超出了交际法外语教学所圈定的目的语言和相关目的文化。虽然目的语言和文化仍然是跨文化英语教学的核心内容之一，但是只包括目的语言和文化的教学不能满足英语作为国际通用语和跨文化交际的需要。跨文化英语教学将教学环境扩大到整个国际社会，不仅包括以英语为母语的国家和地区，也包括将英语作为第一语言的国家。这样的教学内容和教学目的不可能完全通过传统的知识传授和机械训练的方法来实现，引导学习者掌握语言学习和文化学习的方法，培养他们独立思考和自主学习的能力，是保证跨文化英语教学成功的一个重要条件。一般来说，教师是教学的主要执行者，是教学的主体，但是在跨文化英语教学中，学习者的中心地位要凸显出来，英语教学也要遵循如下原则。

1. 以学习者为中心，以引导学习者进行自主学习为主要教学模式

学习者是教学过程的真正主体，教师的教学、教材的编写和教学方法的设计和选择都必须围绕学生的实际需要进行。在跨文化英语教学中，不仅学习者的英语语言学习需要受到应有的重视，在整个教学过程中，他们对母语和本族文化的体验和理解、对目的文化和其他文化的态度、个人综合素质的提高，包括立体思维方式的形成和跨文化交际能力的培养甚至对整个人生的态度等等，很多与学习者的过去、现在和未来密切相关的主题，都是教学设计和教学活动的考虑因素。就教师而言，引导学习者进行自主学习是其主要任务，虽然知识的传授和规则的讲解仍然必不可少，但是教学的中心应该转向学习者自主学习能力的培养。这一点对于跨文化英语教学来说非常重要，原因之一是当今世界信息爆炸，知识不断更新，培养终身学习的思想，掌握独立学习的方法，成为教育界普遍关注的一个趋势。另一个原因是跨文化英语教学的目标和内容相对于传统的外语教学而言扩大了无数倍，而教学时间基本不变，不可能有大幅度的增加，因此学习者在校期间有很多教学内容无法接触和学习，教师只有通过授之以渔的方法，才能确保教学目标的最终实现。这也是为什么将离开学校后的英语和文化学习也纳入整个教学体系的原因。

2. 语言教学与文化教学有机结合

语言和文化在跨文化英语教学中互为目的和手段。英语发展成为国际通用语的原因之一是跨文化交际日益频繁，来自世界各地、各民族、各文化群体的人们需要这一通用语作为沟通和交流的媒介，因此英语学习的目的之一就是进行有效的跨文化交际。而且，由于英语语言学习本身涉及文化的学习，所以我们完全有理由说，英语语言的学习是文化学习的手段，文化学习和跨文化交际是英语学习的目的。反过来，文化学习为英语语言学习提供丰富多彩、真实鲜活的素材和环境，大量文化材料被引入英语教材和课堂，不仅使英语学习生趣盎然，而且是英语交际能力培养的重要保证。总之，跨文化英语教学包含语言教学和文化教学，两方面相辅相成，不可分割。所以，在教学设计和课堂教学中语言教学和文化教学必须有机结合。这种结合体现在外语教学的各个阶段、各个环节。虽然根据学习者的认知水平和学习需要，在不同阶段和不同课程中，语言和文化各有侧重，但是在跨文化英语教学中没有单纯的语言课或文化课，只要具有这种意识，总能找到两者的结合点。

3. 注重思维方法，遵循交际规则

文化会影响人们对外界事物的看法和认识，处于不同文化中的人在思维方式方面必然会有差异。思维方式是沟通文化语言的桥梁。西方文化的思维方式注重逻辑和分析，东方的思维方式则表现出直觉整体性。中国人含蓄委婉，思维方式带有意会性；西方人比较直接，属于直观性。思维方式是文化的一部分，渗透于人们生活的各个领域，当自身的思维方式和交际对象的思维方式发生不同程度的冲突时，便会引起跨文化交流的种种障碍。东西方思维方式不同，为了跨文化交际的顺利，我们应该遵守交际规则，尊重交际对象的文化。

（五）外语教学中学生跨文化交际能力提高的方法

1. 采用对比法，介绍不同背景知识

各个民族由于地域、生态环境、政治制度、历史背景、风俗习惯、价值观念、行为模式的不同，其文化特征也不一样。只有通过对比才能

发现本国文化与目的语文化之间的异同，从而获得一种跨文化交际的文化敏感性，加深对中外文化的理解，增强文化意识。教师可以在课堂上引入相关风俗典故，更多地介绍风土人情，捕捉中西方背景知识的不同点，让学生通过对比来了解双方文化的差异，加深对目的语国家文化的认识，从而养成得体的语言习惯。具体内容包括：①体态语对比，即对比中国人与英语国家人喜怒哀乐时的手势与表情、交谈时的身体距离差距以及体态语的表意异同。②中外称谓语、问候语和告别语的差异。③中国人与英美人对称赞的不同反应。④中外家庭成员之间称呼习俗的差别。⑤英美人在行为举止、待人接物等方面与中国人的异同。⑥中国人与英美人思维与观念的差异。用对比法可提高学生对中西两国文化背景知识差异的敏感度，使学生所学的外语更地道。

2. 窄式阅读法

克拉申的“窄式阅读法”理论是有利于文化理解的阅读方法，其内涵为集中阅读同一话题的多篇文章，通过阅读理解文本中那些显性和隐性的文化信息，增强文化意识。克拉申认为，这种阅读总体上说是窄式输入。它对于一语习得非常有效，可以集中提供某一专题的文化内容及其背景知识，使学生可以在较短的时间内熟悉某一文化专题的词汇、题材、风格及文化内容。这种方法有利于学生对目的语国家文化背景知识进行全面的整体把握，拓宽知识面，开阔眼界。

3. 营造文化氛围，体验异国文化

英语教学的课时也非常有限，不能仅仅依靠教师在课堂上的教学来培养跨文化交际能力，学生还必须充分利用课外时间广泛阅读西方英语文学作品、报纸杂志和时事评论等材料，从中吸取文化知识，增强文化素养，拓宽西方文化视野，提高跨文化交际能力。

具体到跨文化交际能力培养的实践操作上，大家认同文化教学与语言教学有机结合的方法：

（1）运用文学作品分析进行文化教学

文学作品分析是语言教学的一个常见手段。中国很多英语教学活动都是通过分析语篇进行的。文学作品蕴含丰富的文化内容，语言形式经典，因此在文学作品分析过程中同时进行语言教学和文化教学是必要的，也是可能实现的。传统的语言教学也有文化内容的讲解，只是教师并没有将其列入教学目标。在教学中，应将二者结合起来。

（2）词汇教学与文化教学的结合

任何语言的词汇都承载着丰富的文化信息，每个词所包含的文化内涵是任何词典都无法穷尽的。词汇及词汇的使用具有浓厚的文化特点，我们在进行词汇教学时就必须介绍该词的文化内涵，尤其是要呈现出词汇在真实文化语境中具体使用的情况。目前的外语教学中，教师通常只是给学生解释从词典上抄来的解释，很少能将其中深刻的文化意义传达给学生。学生对于枯燥的词汇学习被动接受，无法做到在真实的交际中运用。在词汇的教学中，教师除了将词汇的本义、内涵全面介绍给学生，还应该多设置一些真实的文化语境进行操练，使记忆词汇转变为词汇使用。例如，我们在学习描写人物的形容词时，可以选择一些真实的历史人物或当下学习者感兴趣的任务，让学习者进行描述，这样不仅掌握了词汇的含义，还有机会了解它们的内涵；不仅使词汇学习生动有趣，而且将文化学习落到实处。

（3）阅读教学与文化教学的结合

阅读教学被认为是最容易与文化教学相联系的教学活动之一，只要我们选择包含文化内容的阅读材料就可以实现语言教学和文化教学的有机结合。但是目前很多教师还不能很好地利用阅读教学的优势进行文化教学，或是受传统的语言教学方式影响，阅读教学中重视学生的阅读速度、理解力、语法、词汇、句型，忽略了篇章中蕴含的文化信息。要真正实现阅读教学和文化教学的有机结合，必须在确定教学目标和教学内容时考虑文化教学的需要。在实际教学中，通过设计阅读前和阅读后任务将学习者的注意力吸引到篇章的内容上，进行相关的讨论和学习。

（4）听说教学与文化教学的结合

听说活动使学习者有机会切实感受跨文化交际过程，提高交际能力。就文化教学而言，我们要选取真实的、能够反映目的文化或本族文化的听说材料。在编写这类听说教材时也要注意考虑学习者的语言水平和语言学习的需要，包含的文化内容要将语言学习的需要与文化教学的需要结合起来，使学习者系统地学习文化知识，增强文化能力。跨文化英语听说教学应该充分利用多媒体教学手段，这不仅有利于提高学习者进行语言交际的积极性，更是跨文化交际能力培养的需要。它将跨文化交际的真实情境形象地呈现给学习者，有利于学习者提高跨文化交际能力。

（5）写作教学与文化教学的结合

写作教学通常贯穿于外语学习的各个阶段。不同阶段写作的体裁、内容和要求都各不相同，但是都可以将其与文化教学相结合。初学者可以通过所学的词汇和语法知识讲述自己的经历，表达自己的思想，从而巩固所学的语言知识。学生完成作文后，教师可以一方面指出作文中的语言使用错误，另一方面就文章的内容进行讨论和比较。

随着跨文化英语教学思想的不断深入，我们会有更多更好的方法。教师和学生要转变教学观念，真正做到语言教学和文化教学有机结合，既要促进学习者外语交际能力的提高，又要培养他们的人文素质。只有这样，跨文化交际能力才能得到提高。

第二节　英语跨文化教学的理论与实践

一、英语跨文化教学理论基础

（一）语言与文化，语言教学与文化教学的关系

语言与文化之间密不可分的关系已经得到广泛认可。任何一种语言的产生和发展都依赖于该语言群体及其赖以生存的社会文化。语言不仅具有表情达意的交际功能，它还是感知和思维的表现系统，前者是语言的外显功能，以语言输入和输出为形式；后者是语言的潜在功能，属于

认知心理活动。

任何人与人之间的交际都是从个体对外界环境进行选择性的感知开始，这个感知活动受个体的语言、文化和经历的影响。要让对方知道自己的思想，还必须借助语言系统外化自己的感知结果和思想，这就是语言使用的外化、输出阶段。这一过程首先是将已经形成的概念和思想转换成能外用的一个新的符号系统，这不是真正意义上的语言学习，在这种情况下，学习者学到的只是一套脱离了原来赖以生存的文化内容的符号系统，学习者只能用它来表达自己本族文化的一些思想内容，却无法将其作为与目的语语言群体进行交流的工具，因为离开了该语言所反映的社会文化现实，这一新的符号系统就好像一个没有了血肉的、僵化的躯干，失去了其原有的活力和价值。

外语交际能力的提高必然要求学习者了解目的语言所反映的文化意义系统，通过将目的文化与本族文化进行对比，调整和修改自己的认知图式和参考框架。只关注语言符号和语言形式，忽视语言使用中的文化内涵的教学显然是毫无意义的，外语教学应该与文化教学有机结合。

（二）跨文化外语教学是外语教学发展的需要

由于外语教学的宗旨是为社会和学习者个人发展服务，培养社会发展所需要的人才，所以随着社会的飞速发展，外语教学工作者也应及时更新观念，调整教学大纲和教学方法，以跟上时代发展能力的培养，这就是第三次社会化过程的基本含义，也是外语教学为提高学习者综合素质所做出的贡献。

到现在为止，我们的讨论还只停留在对跨文化外语教学的必要性和先进性的探讨上。理论说明固然重要，但是跨文化外语教学如何实施的问题则具有更实际的意义，如何在大纲和课堂教学中体现跨文化外语教学的思想是教师和学生更加关心的问题。

二、英语跨文化教学的目标与内容

（一）跨文化外语教学的目标

跨文化外语教学的总体目标是：提高学习者的外语交际能力（语言文学目标，初级目标）；培养学习者的跨文化交际能力（社会人文目标，高级目标）。

跨文化交际能力作为跨文化交际研究的主要课题之一，也受到许多研究者的重视，马丁、勒斯蒂格·凯斯特和怀斯曼·凯斯特的3部著作汇聚了跨文化交际学界关于跨文化交际能力的优秀研究成果。当外语教学界认识到跨文化交际能力培养对于外语教学的意义之后，也纷纷对外语教学环境中跨文化交际能力进行定义和分析，由此可见跨文化交际能力在外语教学和跨文化交际两个学科领域之间所起的桥梁作用。

尽管外语交际能力和跨文化交际能力都已在各自的领域得到了极其充分的研究，但是跨文化外语教学的目标和内容并非两者，外语教学界的普遍认可，成为一个健全、合理和实用的外语教学法，必须有明确的教学目的和标准。

教学目的和标准的确定基本上属于一种政府行为，一般是由政府教育机构发起，委托数名专家组成项目组进行调查研究，提交报告，最后再由教育部门审定和颁布，并监督实施。教学目的和标准的确定受社会文化和政治经济等客观环境的影响，虽然跨文化外语教学的本质特点适用于任何国家和地区，但是其教学目的和标准以及教学方法在美国和欧洲可能有所不同。同样，在中国的国情下，跨文化外语教学也应该具有自己的特色，不能一味模仿，全盘照搬西方国家的做法。

跨文化外语教学的理念始于美欧等国，以跨文化交际学界与外语教学界学者的研究与传播为主。如拜拉姆等人提出的语言—文化教学、凡蒂尼提出的以培养文化间交际能力为目的的语言教育，他们从跨文化交际学、外语教学法等多学科视角出发，将文化视为动态发展的过程，强调跨文化意识、情感与交际技能在外语语言学习中的重要性，主张在外语基础语言教学的同时兼顾学生文化认同与跨文化身份的重构，通过有机结合文化教学与语言教学达到培养跨文化人与世界公民的目的。近几十年来，跨文化外语教学也受到了越来越多国内学者的关注与研究、张红玲教授在其著作中从知识、能力和态度三个层面对跨文化外语教学的目的进行了系统性的划分，将目的语语言、多文化教学以及跨文化交际能力的培养并列为教学的主要内容，要求学生能够通过目的语语言与文化的学习，对自身民族文化进行反思与自觉。

跨文化外语教学，从教学深度和广度上来讲，可以说是跨文化外语教学的高级阶段。它所针对的教学对象是年满十八岁的学生，该学生群体具有自身的特点：一方面，从其社会性发展特点上看，由于成长于中国社会中，长期接受中华民族文化的熏陶，他们在多年的社会化进程中已逐渐形成了一套带有明显母文化印记的符号系统、基本行为规范和语言逻辑思维。这一过程在很大程度上是以潜移默化的方式进行的，个体对自身养成的文化习惯与行为特点可能“习而不察”，但不可否认的，到达大学阶段的学生已在此过程中确立了自身的文化根基与群体归属，且处在自身世界观、文化价值观形成与发展的关键阶段；另一方面，从其认知发展特点上看，基于维果斯基的认知发展观，由于知识经验的增多，认知水平与思维能力的提高，学生处在记忆和创造性思维发展的极佳时期。同时，大学时期也是大学生自我意识迅速发展并走向稳定成熟的时期，“我是谁”“我属于哪个圈子”等自我身份与文化身份认同的问题是他们关注的焦点所在。

由此可见，对学生开展跨文化外语教学，是可行且必要的。以跨文化能力与外语交际能力培养为目标的外语教学，以开放性、互动性与创新性为特点，既符合大学阶段学生的认知特点，同时也符合其个人社会性发展与身份构建的需要。具体讲，该教学模式注重学生运用所学外语语言知识对目的语文化及本族文化知识进行对比分析，在此基础上进行模拟或真实跨文化情境下的交际活动训练，在处理各种跨文化冲突的体验和学习中对自身所属文化，尤其是深层文化因素进行反思，增强文化自觉意识和跨文化敏感性，从而实现对中华民族文化的创新性继承与自身跨文化身份的建构。

我国跨文化外语教学的意涵及目的可以表述为：通过对外语语言及文化知识的教学，加强对母语和本族文化的理解、反思以及对外传播的能力，增强文化自信，实现真正的文化自觉，培养具有国际视野和专业知识能力的，且愿意为我国社会主义现代化建设作贡献的跨文化复合型人才。

（二）跨文化外语教学的内容

跨文化外语教学内容由4个模块构成：目的语言、目的文化、其他文化和跨文化交际能力。目的语言和目的文化这两块的内容与我们现行外语教学的内容基本吻合，通过这两方面内容的学习，学习者能够掌握目的语言知识，并能使用该语言与目的语言群体进行有效交际，这就是外语交际能力。值得注意的是文化交流与语言使用应该属于同一个内容范畴，因为它们通常是相伴而行，同时进行的，文化是交流的内容，语言是交流的手段。

如果说外语交际能力是以目的语言和目的文化的掌握及应用为目的，那么跨文化交际能力则是一种以学习者母语和本族文化以及目的语和目的文化的学习、交流、反思和体验为途径，同时兼顾学习和了解其他语言和文化的特点，进而超越各种具体文化束缚的一种灵活的交际能力，是以与来自世界各种不同文化的人们进行有效交际为目的的能力。如果外语教学完全排除其他文化的内容，势必会造成学习者徘徊于本族文化和目的文化之间，而忽略了其他文化的存在，这不利于培养学习者的跨文化意识，也不利于跨文化的人才的培养目标的实现。

跨文化外语教学内容的另外一个范畴是跨文化交际能力的培养，它包含的教学内容很多。其中跨文化意识指的是对文化差异敏感性和态度的培养，跨文化交际能力是一个宽泛的概念，是一个包含知识、能力和情感各个层面的综合素质，而跨文化交际实践，作为教学内容之一，主要是由教材和教师提供或创造跨文化交际的机会或情景，让学习者去体会跨文化交际过程中可能出现的问题。在这个教学内容模块中还包括了跨文化研究方法的教学，其意义在于跨文化交际能力的培养是一个终身学习的过程，学习者不可能在学校教育期间学习世界所有不同的文化，外语教学也不可能预计学习者将会遇到的各种跨文化交际情景，因此掌握跨文化研究的方法是最现实、最有效的途径。

三、英语跨文化教学大纲的特点

(一) 教学大纲比较

交际法和人文性大纲都包括了文化内容，只是前者的文化教学较为肤浅，只涉及与语言和语言使用相关的文化内容，忽视了社会文化环境和学习者个人文化背景在外语教学中的作用；后者的文化内容虽然较之要丰富、自然得多，但是，其目的仍然是促进语言教学，因此文化在外语教学中仍处于辅助、次要的地位，文化教学自身的价值和独立性没有得到重视。

(二) 跨文化外语教学大纲的特点

1. 跨文化外语教学大纲是一种以内容为基础的外语教学大纲

传统语言学和语言教学不关心语言篇章的主题内容，只对语用关系和句法结构如何影响和构成信息感兴趣，至于这一篇章对学习者知识增长的作用一概不管。这一传统随着以内容为基础的教学、专业英语教学和双语教育的兴起而逐渐被打破。跨文化外语教学采纳的就是以文化内容为基础的教学模式。

很多外语教学研究者相信：最有效的外语教学应该是把语言作为传授和培养其他知识和技能的手段，而不是单纯地为了语言而学习语言，即，不是将外语学习作为外语教学的目标。

2. 文化与语言互为目的和手段，共同构成外语教学的基础学习的最终目的

值得一提的是，母语和本族文化在这一教学过程中起着重要的作用。它们虽然不是教学的主要内容和目的，但是在培养语言意识和文化

意识，进行文化对比时，母语和本族文化的作用不可轻视。

3. 文化教学与语言教学有机结合

这是对前一点的继续说明。在跨文化外语教学中，处于同等重要地位的语言与文化内容的有机结合贯穿外语学习各个阶段（初级、中级和高级），各个环节（外语教学计划、课堂教学和教学评估与测试等）和各门课程（听、说、读、写等）。

4. 文化学习过程是大纲制定的主要依据之一

我们在确定文化主题为教学内容组织基础的同时，必须认识到文化学习过程是一个认知、心理、行为共同发展的过程，同一个文化主题的学习，既提供一个增长知识的机会，也可以成为一次心理和行为的体验和调整的机会，关键在于教学活动的设计和实施。因此教学大纲应该满足文化学习过程的需要。

四、英语教学中跨文化教育的实施途径

（一）教学中注重介绍词语的文化内涵

语言词汇是最明显的承载文化信息、反映人类社会文化生活的工具。词汇的意义分为概念意义和文化意义。概念意义指词汇的语言意义；文化意义则指词汇的感情色彩、风格意义和比喻意义等。文化意义是指某一文化群体对一客体本身所做的主观评价，同一客体在不同文化的人中产生的联想意义不同。词语在文化上的差异是学好外语的一大障碍，因此，在词汇教学中要注意词语的文化意义在目标语和母语之间的对比。

（二）教学中挖掘中英两种语言在句法和篇章结构上的差异

教学中要提醒学生中英两种语言在句子结构形式上的差异，即汉语句子重意合，英语句子重形合；汉语的时间概念由时间状语表达，英语的时间概念由动词的时态变化来表达。

在篇章结构上，英语主要呈直线型，汉语篇章主要呈曲线形。英语的段首一般是开门见山的主题句，然后按一条线发展展开，整个段落围绕主题句展开，每个句子都与主题密切相关；汉语则讲究“曲径通幽”，

叙述和论证时一般是含蓄而委婉。

（三）教学中介绍英语的交际习惯和行为方式

文化制约着人们的一切行为，也制约着人们的语言行为。不同文化背景的人有不同的语言习惯和行为方式，在教学中要注意培养学生对目标语与母语在交际习惯和行为方式差异上的敏感性，提高学生跨文化交际能力。

五、跨文化英语教学中的教师与学生

（一）外语教师与文化教学

在外语教学中进行文化教学已经有很长的历史，文化教学对外语教师来说并不陌生，他们或因为自己的认识和感悟，或迫于教学大纲等外部环境的要求和规定，都有意、无意地以不同方式从事着文化教学。然而，即使在文化已在大纲中被明确确定为外语教学的内容和目标之一的国家和地区，文化教学的现状也令人担忧，其他国家和地区的状况就更不用说。这种担忧主要体现在教师对文化教学的态度、理解和实践都无法满足跨文化外语教学的需要。来自不同国家和地区的一系列调查研究报告有力地证明了这一点。

大多数调查都发现了这样一个有趣的现象：很多外语教师对文化教学的理解和认识与他们实际的教学有很大的不同。他们对文化教学表示强烈的支持，也认识到了文化教学有很多好处，愿意采用各种手段和材料进行文化教学，但在实际教学中，他们却似乎完全抛弃了这些认识和理解，仍然按照传统的教学观念和教学方式进行语言教学。

（二）跨文化外语教学对教师的要求

跨文化外语教学的目标是在提高学习者外语交际能力的同时，培养他们的跨文化意识和跨文化交际能力，进而培养他们多视角、立体的思维能力和综合素质。其基本特点是充分挖掘外语教学的文化教学功能，将外语教学与文化教学有机结合。显然，这样的教学目标和教学内容对教师提出了新的要求和挑战。一般来说，外语教师除了具备良好的外语语言功底之外，还应该掌握3个方面的知识和能力：外语学习理论、外语教学法、课堂教学实践。

外语学习理论是关于外语学习的本质、过程和规律，是指导教师进行教学的理论基础。外语教学法可以帮助教师理解教学目的和内容，是学习理论和课堂实践之间的桥梁。课堂教学实践则是对教师的教学活动安排、课堂组织能力等方面的要求。

由于跨文化外语教学增加了文化教学层面，强调跨文化意识和跨文化交际能力培养，所以以上对外语教师的要求显然不够。那么，除了这些条件之外，跨文化外语教学还要求教师具备哪些素质呢？下面主要从知识、能力和态度3个方面来回答这个问题。

从知识层面上来说，教师应该掌握普遍文化知识，即文化的基本概念、构成、特点及其对社会和个人的作用；掌握一定的具体文化知识，即了解目的语文化、本民族文化和其他文化群体的特点以及彼此之间的异同；理解语言与文化、社会之间的相互作用，特别是目的语言在不同社会文化背景中的使用情况；理解跨文化交际能力的概念和意义，了解导致跨文化交际困难和失败的因素。

就能力而言，外语教师应该在课堂和课外其他跨文化交际场合用目的语言进行恰当的交际；合理利用教材和其他真实的语言文化材料，引导学生关注文化内容，刺激他们对文化问题的思考；善于设计和组织课堂活动，将学生自己的文化体验与教学内容结合起来，创造更多的体验式学习机会；采用多种不同的文化教学方法和手段，全面、深入地传授文化知识，培养学生的文化能力；将外语教学与文化教学有机结合，通过教学材料的选用、教学活动的设计有意识地引导学生既注意语言能力的提高，又关注文化能力的培养；以培养能力为主，引导学生摸索学习方法，掌握独立学习的能力，促进学生的自主学习。

从态度层面看，外语教师应该敢于面对挑战，尝试新的教学思路和方法；愿意像学生一样，不断学习和探索外国文化，反思本民族文化和自己的文化参考框架及言行；愿意与学生分享自己的学习体验和跨文化交际体验，即便是失败的经历；尊重学生，对不同文化行为和思想不妄加评判，永远保持一种宽容、理解和移情的态度。

（三）文化教学培训

培养一名合格的外语教师并非易事，其不仅需要具备良好的语言功底和交际能力，还要懂得学习者的认知心理、情感特征和教学规律，最好具有丰富的教学经验。这一切不可能在短短的几天、几周或几个月内完成。实际上，一名教师的培养过程从其外语学习的第一天就已经开始，经过学校教育的不同阶段，一直持续到走上讲台前的业务培训，甚至还延续到上岗后教学经验的积累和各种在岗培训。就基础教育对教师培养的作用来说，我们稍加反思就会意识到目前采用的教学模式和方法或多或少地受到了传统英语教学的影响。中国外语教学之所以长期以来一直无法摆脱以语法和词汇为中心的传统教学方法，在一定程度上是因为这种方法代代相传，从一开始就被教师根深蒂固地植于学习者的脑海里。由此看来，基础教育是培养合格教师的关键，我们必须从现在开始让学生接触新的教学思想和教学方法，同时鼓励他们不断创新，如此才能最终改变因循守旧的陋习，为他们成为教师后接受新观念、探索新方法打好基础。

1. 培训目的和内容

由于培训可分为岗前培训和在岗培训、教学方法培训和教材使用培训、短期培训和长期培训等多种不同类型，所以我们不能要求教师经过某一次培训就能完全掌握教学要领，而应定期、系统地对教师进行培训。培训不是针对某一具体的教学环境和教师群体，而是以文化教学为主要考虑因素。

2. 教师文化教学培训的方法

（1）文化意识和文化教学意识的培训。文化教学培训的一个根本特点就是“使隐含的东西明确化”。这就是说，文化、文化差异以及外语教学的文化教学潜力都已经客观存在，现在最重要的是让教师意识到它们的存在和作用，即要提高教师的文化敏感性和文化教学的意识。在这样的敏感性和意识的基础上，教师的文化知识积累和文化能力以及文化教学能力的提高就会突飞猛进。

（2）文化知识的培训。就文化概念和知识的学习而言，文化人类学提供了最为全面、科学的阐述，理应成为外语教师培训的一门必修课。文化人类学是一门历史悠久、理论基础雄厚的社会科学，它无论是在文化理论研究、具体文化描述上，还是在文化研究的方法上，都已形成了较为完善的体系，是外语教师获取相关文化知识的可靠来源。当然，外语教师学习文化人类学不是为了成为人类学家，因此也就没有必要穷尽其所有的内容，他们只需要利用文化人类学的部分研究成果，以获取对文化相关概念更清楚的理解，同时借鉴其中的一些文化研究和探索的方法。对于文化人类学研究成果的筛选和选用，应该由来自不同领域的专家如外语教学研究者、文化学家、跨文化交际研究者、教师培训专家等合作完成，综合各方的意见，选择那些教师需要掌握的理论和信息作为培训的内容。

除了文化人类学可以成为教师文化知识培训的主要科目之外，社会学和跨文化交际学的研究成果同样是教师培训应该关注的内容。语言、文化、社会和交际之间复杂的关系，在这两门学科中得到了更清晰的描述。对于师范院校的准教师来说，如果能在高年级开设专门的文化学、社会学和跨文化交际学课程最为理想。但是，就大量从非师范院校毕业，却选择成为外语教师的准教师而言，花费很多时间专门学习这些科目的内容，显然不现实，只能依靠教师培训工作者精心挑选和准备培训内容，以系列讲座的形式传授给受训教师。

（3）文化能力的培训。相对而言，文化能力的培训比文化意识和文化知识的培训更为复杂和困难，因为它不仅涉及教师的认知心理，还与他们的情感和行为有关。这里所说的文化能力包括教师的跨文化交际能力和文化学习探索能力。

跨文化交际能力的培训可以从文化冲撞开始，目的是让受训者通过经受心理和情感上的震荡，对跨文化交际中存在的文化冲突有一个强烈的感性认识，培训者趁机向受训者介绍跨文化交际中的困难，然后自然过渡到如何克服这些困难的探讨。培训者一方面可以通过讲座或让受训者阅读相关文献等方法来帮助他们了解跨文化交际的本质和文化冲撞产生的根源及其特点和过程，使他们从理性上认识积极调整心态、不用自己的文化框架判断他人、努力适应对方交际方式的重要性；另一方面可以通过看录像、观察和分析成功与失败的跨文化交际案例来吸取好的经验，防范交际误区。此外，培训者还可以向受训者布置跨文化交际实践的任务，如到外企见习，到外国人家做客，通过观察、访谈和体验来加深对跨文化交际的认识，提高跨文化交际能力。最后，还可以让所有受训者一起分享各自的跨文化交际经历和体会。值得注意的是，在整个培训过程中，培训者应该反复强调反思的重要性，促使受训者通过不断学习、不断体会、不断反思增强自己的跨文化意识和跨文化交际能力。

文化学习和探索能力的培养是本着授之以渔的目的，帮助受训者掌握一套文化学习的方法，使他们能够对遇到的新的文化现象和文化群体进行探索研究，这种能力也是这些受训者今后对学生进行文化教学的目标之一。文化学习和探索能力首先建立在敏感、勇敢、宽容和善于移情等情感态度的基础上。缺乏敏感性，对任何文化现象熟视无睹，想当然地认为人皆相同，这些都是文化学习的障碍。其次，面对陌生的文化环境，很多人选择逃避和退缩，而善于学习和探索的人会勇敢地尝试和体验，积极参加各种有利于自己了解该文化群体的活动。与不同文化背景的人相处，宽容和移情是不可或缺的素质，具备了这两种素质就能避免误解和冲突的发生，文化学习和探索才可能顺利完成。

作为一种文化学习和探索方法，参与观察法可以被用来对任何一个文化群体进行深入的文化调查。理想的条件是离开自己熟悉的文化环境，融入一个陌生的文化环境中，对该文化群体的某些文化侧面进行探索和学习，并通过与该群体的人进行交流，获取跨文化交际的经验，摸索跨文化交际的规律，从而提高跨文化交际能力。对于中国外语教师和学习者而言，这样理想的环境也许不存在，但是培训者同样可以利用国内现有的外国文化群体或不同的亚文化群体的资源，进行参与观察文化研究方法的训练和实践。虽然环境有所不同，但是原理和技巧基本相同。

在教师培训中，培训者可先向受训者介绍参与观察的文化研究方法，通过各种手段帮助受训者弄清这种文化探索学习方法的宗旨、特点和注意事项，然后由受训者自行设计和完成至少一次文化探索任务，并在这一过程中记录自己的学习体会，以督促自己反思学习体验，同时为以后与其他同事分享经验和感受提供资料。一般而言，一次这样的学习任务是以一篇全面、透彻的调查报告为终结的，报告内容包括本次调查研究项目的目的、方法、结果以及经验总结，其中很大篇幅是对调查对象某些文化现象的详尽描述。

接受过以上培训的教师应该在个人素质上已为文化教学做好了准备，但他们还需要接受一定的文化教学培训才能胜任跨文化外语教学工作。文化教学培训同其他教学培训一样，主要从大纲、教材和教学方法等方面着手。大纲培训是帮助教师理解教学目标、教学内容和教学评估标准等，是教师准备教案、设计教学活动的基础。教材培训是针对某一特定教材，就其使用方法进行培训。教学方法培训最为普遍，虽然文化教学的方法很多，但每一种方法都有其优点和缺点，每一种方法都有其独特的技巧，这些都是教师培训时的必要内容。

3. 反思教学和课堂教学研究

近年来，反思教学和课堂教学研究成为外语教学和教师培训研究文献中出现频率较高的术语，它们作为教师培训和教师自我发展的方法已经受到越来越多教学研究者和教师的重视。对于跨文化外语教学来说，课堂教学研究的作用更是不可低估。

课堂教学研究也是促进教师教学水平提高和教学效果改善的一种方法。Wallace 将其定义为“为了改善教学的某一领域而进行的系统的资料收集和分析活动”。教师针对自己教学中遇到的问题，利用自己所掌握的教学理论知识，根据自己的经验，通过自己的努力，寻找解决问题的方法，在此过程中记录自己的体验，反思自己的态度和做法，并与其他同行进行交流。根据研究，课堂教学研究有五大特点：它解决的是研究者及圈内人士切实关心的问题；它要求系统地收集资料，反思实践；它通常是以本校、本地的教学为研究对象，规模较小，重点观察教学方法变化所带来的结果的变化；它常采用的是定性分析法，对教学事件和过程进行描述；它的研究成果包括对问题的解决、教师个人业务水平、当地教育实践、理论水平的提高。

由于这样的教学研究与教师的教学实践联系紧密，因而具有很大的实用价值。对于接受岗前培训的教师来说，进行课堂教学研究培训有利于他们培养反思教学和课堂教学研究的意识，掌握反思教学和课堂教学研究的方法，从而使他们获取一套不断提高业务水平的、灵活高效的方法，增强他们对今后教学工作的信心。一旦他们正式走上讲台，在学校及教育管理者的支持和帮助下，他们就可以充分利用课堂教学研究和反思教学来提高自己教学的效果，同时促进其所在区域整体教学水平的提高。所以，课堂教学研究应该成为教师培训的一项重要内容。

（四）学习者自主学习能力的培养

当前，外语教师培训的另一热门话题是教师如何培养学习者的自主学习能力。所谓自主学习，简单地说，就是指学习者控制和管理自己学习的能力，它是一个复杂的概念，包含多个层次，在不同的社会文化和教育环境中呈现不同的形式。

1. 自主学习的背景、含义和意义

（1）自主学习研究的背景。自主学习的思想早在18世纪就已萌芽，法国哲学家卢梭的“自然教育”理论强调了学习者对自己学习负责的重要性，实际上就等于提出了自主学习的思想。在他看来自主学习的能力是人天生就有的，但是这种天赋受后天学校教育的压制。这一思想对很多后来的教育学家产生了影响，成为解放学习者，将他们重新送回到教学主体位置的现代教学思想的动因之一。

（2）自主学习的含义。自主学习就是控制和管理自己学习的能力，也就是对与学习各个方面相关的决定负责，它包括目的的确定、内容和进度的确定、方法和手段的选择、学习过程的监控以及学习的评价等。

从本质上看，自主学习是一种独立学习、批评反思和自我决策的能力。它要求学习者发展一种与学习过程和内容相关的、特殊的心理，这种独立的能力表现在学习者的学习方式上，或表现在其将所学东西迁移到更加广阔的领域的方式上。

（3）培养自主学习能力的意义。学习者自主学习能力的培养成为外语教学的中心议题是与跨文化交际日益频繁、知识和信息日新月异、经济和教育全球化不断深入的当今世界形势分不开的。面对这样的形势，培养跨文化交际能力、独立学习能力和终身学习的思想成为教育的首要任务之一。外语教学作为跨文化交际能力培养的重要阵地，理所当然要承担起这一重任。

2. 教师和学生的角色

自主学习不是一种新的学习方法，也不是一种新的教学方法，它是对学习和教学本质的修改。学习不只是听讲、记笔记、做作业、复习、预习、考试，教学也不再是传道、授业、解惑，由此，学习者的被动地位得以打破，以学生为中心、以学习为中心、以任务为中心的教学思想取代了以教师为中心、以教学为中心、以教材为中心的教学思想。那么，这种转变是否意味着教师的教学变得轻松，而学生的学习压力不堪重负呢？对这个问题的最好回答就是分析教师和学生在这种教学模式下的作用和他们之间的关系。

（1）教师的角色。自主学习要求学生除了参与确定学习目标、学习内容、学习进度、学习方法、学习评价之外，还要对自己作为一个学习者的感受和经历进行反思和理解，关注学习过程，摸索学习方法。这些对学生提出的“额外”的要求，实际上也是对教师的要求，因为只有具有自主学习意识和能力的教师才能培养出能够进行自主学习的学生。教师在教学中如果能表现出以上特点和自信，就会感染学生，将这种独立意识和自信传给学生。有意识、有计划地进行自主学习能力培养是教师的主要任务之一。在这种教学思想指导下，教师扮演的角色应该是合作者、顾问、协调者和对话者。

（2）学生的角色。就学生而言，自主学习使他们从对教师和教材的依赖中解放出来，成为学习的主人。这种从被动到主动地位的变化要求学习者在教师的引导下做到制订学习计划、监控学习过程、反思并修正自己的学习态度和方法、评价学习结果。自主学习要求学习者具有较强的学习意识，重视学习目标实现的过程和方法，通过这样的意识和对学习过程的关注，学习者增强了对学习、学习者和学习过程的理解，掌握了学习的规律和方法，从而提高了自己独立学习的能力，为自己承担起学习的责任做好了准备。

调查显示，目前中国外语教师和学生的观念以及他们的教学能力和学习能力与跨文化外语教学的要求相距甚远，所以有必要进行教师培训和学生培训。

第三节　跨文化英语教学改革与创新

一、英语目标的培养

（一）在英语教学大纲中明确母语文化和目的语文化的定位

英语教学中要涉及其他文化的内容。英语已经是一门公认的世界通用语，除了以英语为母语的国家之外，亚洲、大洋洲、太平洋、加勒比海地区的很多国家，将英语指定为官方、准官方或工作语言。

英语教学中目的语的文化学习是重点。学习目的语文化是掌握目的语言所必需的，同时学习目的语文化能让大学生意识到自己的文化身份，这也是学生建立文化身份的途径。只有在学生深入了解目的语文化的基础上，学生才能更深刻理解母语文化。要能从不同的历史和文化中吸收养分，让学生成为跨文化人。理解另一种文化会给予人们一个站立的位置，在那儿人们能更好地观察他们出生的文化。

（二）英语教学大纲的培养目标和教学中要让大学生达到和具备三个层次的程度和能力

第一层次，让学生能自如地表述自我和母语文化，具备用英语表述母语文化的能力。对西方人来说，中国人和中国的文化都是“文化上的他者”。那么，如何避免西方将中国的民族文化和民族自我淹没在西方式的话语中，就必然依靠中国人对自我文化的阐释和表述。

第二层次，让学生能够深刻理解目的语文化的深层内核，具备对目的语文化的理解能力。对学生来说，目的语文化也是“文化上的他者”，如何避免将目的语文化“他者化”，如何避免文化障碍，是大学生学习的主要目的之一。

第三层次，也是终极目标，使学生成为跨文化的人。因为学生所具有的他者身份，可以有意识地与目的语文化价值观保持距离，可以从他者的视角来审视目的语文化，指出西方人习而不察地对他者的冷漠，不但可以令西方人反省自己的文化，也能为自己争取到话语权。同时，学生的他者身份，也为自己提供了一个认识自我的参照，从他者的角度看母语文化会让学生进入反思自我的旅程，学生能重新认识习以为常的社会。

二、英语教学模式改革创新

（一）教学模式与其他相关概念的区别

1. 教学模式与教学思想、教学策略和教学方法

教学模式、教学思想、教学策略和教学方法是传统教学领域中使用频繁、容易混淆的概念，在此有必要理清它们之间的区别与联系。教学模式的选择和运用必然受到一定教学思想的指导或制约，但它们之间并不是一种对等的关系。教学思想属于理论、观念形态；教学模式虽然包含特定的教学理论，但本质上具有可操作性，是对教学观念的具体化和简化。

教学方法有广义和狭义之分。广义的教学方法是指为达到预定的教学目标和完成相关的教学任务，而采取的一切手段、工具、途径和办法的总称；它既包括各种教学手段、工具和方法，也包括各种教学原则的应用。对教学方法狭义的理解则认为，教学方法是指为达到预定的教学目标，完成预定的教学，在教学原则的指导下所采用的师生互动方式和有关措施；既包括教师教的方法，也包括学生学的方法，是教学方法和学习方法的统一。

2. 教学模式与教学结构

（1）教学模式等同于教学结构的观点

近年来，教育界对于教学模式与教学结构的定义渐渐有了新的表

述。不少学者认为，教学结构与教学模式是层次关系。

（2）教学模式与教学结构存在层次关系的观点

①教学结构是一个下位概念

这种观点源于对“模式”和“结构”这两个概念内涵的比较，有学者列举出《辞海》中有关“模式”和“结构”的几条主要查询结果如下：模式亦称“范型”，一般指可以作为范本、模本、变本的式样。作为术语时，在不同学科有不同的含义。

②教学模式是一个下位概念有学者认为，教学结构和教学模式是处于不同层次上的概念。教学模式则是教学结构在具体的学科领域中教学过程展开的体现，同一种教学结构在不同的教学内容、教学环境与教学对象中展开，则可衍生出多个用于指导具体教学进程的教学模式。

（3）对教学模式与教学结构之间关系的再认识

①对教学模式与教学结构同一性的反思

按照现代汉语词典的注释，模式指“某种事物的标准形式或使人可以照着做的标准样式”。结构一词，原指事物各部分的搭配和排列，在系统论中被引申为系统内部各个部分、要素、成分相互结合的方式或构成形式。也就是说，结构就是事物之间或事物内部各要素之间的相互关系，事物不同的结构方式使该事物具备不同的功能。每一种模式都有其特定的内在结构和外显功能。

②对教学模式与教学结构存在层次关系的反思

在教学模式与教学结构是层次关系的观点中，要么教学模式处于上位，教学结构是一个下位概念；要么教学结构处于上位，教学模式是一个下位概念。所谓总括关系，就是指新观念具有较广泛的包容性与概括性，能把一系列原有观念总括于其中。因此，新观念处于上位，原有观念处于下位。

③对教学模式与教学结构之间关系的再定位

教学结构只显示教学系统内部各个部分、要素、成分间的结合方式和构成形式，虽然对教学实践有一定的指导作用，却不能以简约化的形式表达一种教学思想或教学理论，不能担当起教学理论与教学实践之间“中介”的重任。正确把握教学模式与教学结构的关系，应该从上述几个方面综合考虑，尤其是从教学模式与教学结构的构成上加以清晰的界定。

（二）教学模式的演变与发展趋势

1. 教学模式的历史与发展

（1）古代的教学模式

总体上说，古代教学的典型模式就是传授式，其结构是“讲—听—读—记—练”，其特点是教师灌输知识，学生被动机械地接受知识，教师是教学中的绝对权威。

（2）近代的教学模式

19世纪是一个科学实验兴旺繁荣的时期。德国教育家赫尔巴特于19世纪初提出的理论在相当程度上反映了当时科学发展的趋势。他提出了“清楚—联合—系统—方法”的四阶段教学模式，也就是所谓的“教学形式阶段”。赫尔巴特学派的“教学形式阶段”使复杂的教学过程变得简单易行，比起无程序的教学有很大的进步，但是其理论中所包含的教学程序带有机械化的倾向，也存在忽视学生的主动性和不重视教学实践等缺陷。

杜威指出，知识的获得不是个体“旁观”的过程，而是“探究”的过程。杜威认为，“探究”是主体在与某种不确定的情境相联系时所产生的解决问题的行动。杜威所主张的以“探究”为基础的认识论批判了传统的“二元论”的认识论，突出了探究主体在认识活动中的重要性，为现代教育重新认识知识的作用和学生个体的活动提供了思想基础。

基于杜威的实用主义教育理论而提出的教学模式的基本程序是：“创设情境—确定问题—占有资料—提出假设—检验假设。”这种教学模式打破了以往教学模式单一化的倾向，强调学生的主体作用。实用主义教学模式也有其缺陷。它把教学过程和科学研究过程等同起来，贬低了教师在教学过程中的指导作用，片面强调直接经验的重要性，忽视知识系统性的学习，影响了教学质量。

（3）现代的教学模式

1974年加涅依据信息加工理论，加涅认为学习的条件分为内部条件和外部条件，内部条件又进一步分为基本先决条件和支持性的先决条件。支持性的先决条件在学习过程中起辅助作用，但是没有这些条件学习也可以发生，而如果缺少基本先决条件则是不行的。不同的学习类别需要不同的学习条件，并能产生不同类型的学习结果。加涅进一步将智力技能分为八个层次：信号学习、刺激—反应学习、连锁学习、言语联想、辨别学习、概念学习、规则学习和高级规则学习。

加涅把学习理论研究的结果运用于教学设计，其后半生的主要精力集中于学习理论、教学设计乃至教育技术学基础理论的研究和构建中，并成为心理学和教育技术学这两个研究领域公认的大师级人物，为教育的发展和进步做出了很大贡献。加涅的教学模式只是这一时期有关教学模式研究的其中一个代表，实际上这一时期产生了很多不同的教学模式研究，都值得我们进行学习和借鉴，并进一步运用到教学实践中，进而提高教学成效。

（4）当代的教学模式

建构主义理论的起源，最早可以追溯到瑞士的心理学家皮亚杰有关儿童认知发展的理论。他认为，儿童是在与周围环境相互作用的过程中，逐步建构起关于外部世界的知识，从而使自身认知结构得到发展。儿童的认知结构就是通过同化与顺应过程逐步建构起来，并在“平衡—不平衡—新的平衡”的循环中得到不断地丰富、提高和发展。

建构主义学习理论提倡的学习方法是教师指导下的、以学生为中心的学习；建构主义学习环境包含情境、协作、会话和意义建构等四大要素。建构主义学习理论以及建构主义学习环境相适应的教学模式可以概括为：以学生为中心，在整个教学过程中由教师起组织者、指导者、帮助者和促进者的作用，利用情境、协作、会话等学习环境要素充分发挥学生的主动性、积极性和首创精神，最终达到使学生有效地实现对当前所学知识的意义建构的目的。

2. 教学模式发展的新趋势

(1) 从单一教学模式向多样化教学模式发展

自从近代教育科学的创始人德国教育学家赫尔巴特提出“四段论”教学模式以来，经过其学生的实践和发展逐渐形成了以教师为中心的传统教学模式，这一模式成为20世纪教学模式的主导。20世纪50年代以后，由于新的教学思想层出不穷，再加上新的科学技术革命使教学产生了很大的变化，教学模式出现了“百花齐放、百家争鸣”的繁荣局面。

(2) 由归纳型向演绎型教学模式发展

归纳型教学模式重视从经验中进行总结和归纳。归纳型教学模式来自教学实践的总结，不免有些不确定性，有些地方还不能自圆其说。而演绎型教学模式有一定的理论基础，形成了较为完备的体系，它更加强调教学模式的科学理论基础。

(3) 由以“教”为主向重“学”为主的教学模式发展

现代教学模式的发展趋势是重视教学活动中学生的主体性，重视学生对教学的参与，教师要根据教学的需要合理设计“教”与“学”的活动，鼓励和帮助学生实现自主性的、探索性的、创造性的学习。

(4) 教学模式的技术手段日益现代化

在当代教学模式的研究中，越来越重视引进现代科学技术的新理论和新成果。新的教学模式非常注重将计算机、多媒体和网络等信息技术运用到教学中，有效地将信息技术与课程进行整合，教学条件的科学含量越来越高，充分利用现有的教学条件对教学模式进行全新的设计。

(三) 英语教学的创新

教学过程既是认知过程，又是情感过程。这两个过程相伴相随，相辅相成。积极参与是学生自主学习的前提，让学生积极参与教学，充分体现了民主、自由的课程理念。教学中要注意充分发挥学生的主体作用，为学生提供参与教学的机会，不断激发和培养学习兴趣，为其提供更多的思考和创造的时间和空间。学生们通过思考和讨论，积极动脑，参与活动，既获得了知识，提高了语言表达能力，又培养了与他人合作的能力，效果很好。

在现代社会的发展趋势以及教育改革的普遍要求之下，英语已经逐渐成为世界通用的一门语言，掌握熟练的英语口语技能，代表了大学生与来自世界上不同文化的人进行沟通、接受来自不同文化的信息的能力，对于当代大学生来说具有相当重要的意义。

(四) 创新英语教学的必要性

近年来，我国政治、经济、文化、教育、科技、对外交往和社会各项事业的发展和进步，给英语教学带来了前所未有的机遇和挑战。

第一，创新英语教学是经济全球化和我国对外经济发展的需要。在经济全球化的时代，对外经济贸易作为连接国际、国内市场的极为重要的领域。对外经济贸易的发展对既懂专业，又会用英语交流的外经贸人才的数量和质量的要求日益提高。第二，创新英语教学是我国对外政治、文化、科技交往的需要。我国对外交往日益频繁，在国际事务中的影响力不断增强，地位和作用不断提升，对高层次的精通外语、能够参与国际竞争人才需求不断高涨。第三，创新英语教学是广大学生的现实需求。随着社会的改革开放步伐的加大，各行各业对外信息交流的规模不断扩大，要求大学生在毕业之后具有英语综合应用能力。大学生对英语的迫切需求、浓厚的求知欲、学习英语的积极性，甚至对当前英语教学的这份“挑剔”，表明了创新英语教学势在必行，而且必须将出发点立足于社会发展的实际需要和大学生的实际需求。

(五) 如何创新英语教学

1. 教学理念的创新

“以学生为中心”的新的英语教学理念就是把以教师为主体的教学模式转变为以学生为主体，转变教育者和被教育者的角色定位。“以学生为中心”就是一切从学生的实际和需要出发来开展教学，提高教学质量。创新英语教学要求教师在课堂上“精讲多练”，给学生提供充分的语言实践环境和机会，改变学生被动接受知识的状况。

任何一项教学活动的改革都需要有重要的指导思想作为保障。英语创新教学的前提就是要在教学思路上有重要的变革。从死记硬背单词转变为培养学生对文章的理解，从重视阅读转变为重视英语的听和说，从对语法的掌握转变为对语感的培养。

2. 教学模式的创新

在课堂教学中，要积极实现英语教学过程的顺畅和整合。在对教材的选择上，要针对大学生的主要特点。创新教学过程可以从教学环境设计、师生互换角色、教学引导等多方面进行。优化教学的各方面组合，实现教学过程的细致性和严谨性。

教师要特别重视发挥学生的主体作用，提倡改变过于强调接受学习、死记硬背、机械训练的现状，倡导学生主动参与、乐于探究、勤于动手，培养学生搜集处理信息的能力、获取新知识的能力、分析和解决问题的能力，以及交流与合作的能力。

3. 教学评价的创新

教学评价的创新在于建立新的教学评价和考核体系。学生的创造性除了教学内容、教学观念、教学手段、教学考核等创新加以培养外，还必须借助课外的各种创新实践活动加以丰富和深化，使学生创新能力培养向多渠道、开放式、规模化方面发展。

4. 教学环境的创新

创新实践性教学环境，营造丰富的校园英语学习环境。将英语教学延伸到课堂之外，鼓励学生把英语知识运用到校园文化中，充分展示自己的英语水平，营造校园英语学习氛围。课外活动应内容丰富、形式多样，使更多学生能参与，激发学生英语学习兴趣，锻炼组织能力，提高综合素质。

随着我国大学教育体制的进步，英语教学有了长足的进步。在教学过程和教学手段上都与知识经济的时代特点相融合。英语教学作为实现这一要求的最直接的方式，需要从各个方面进行改革和提升。创新英语教学就是要创新教学思想，转变教学观念，实现教学过程的新体验，从形式和内容上提高英语教学的目标和效果。

（六）对于英语教学创新的结论

首先要培养流利地读单词，第一语言阅读研究者们普遍地认识到流利地认读单词是阅读理解能力中的一个重要因素，特别是在早期发展阶段。其次，语法知识的训练，因为语言知识主要是指词汇和语法知识。随着交际教学的模式的推进，语法虽然重视度不如以前，但大量的研究证明语法知识和阅读知识是较强的联系。再次，抓住阅读材料的篇章结构特征的训练。不管何种语言文章都有论述文、说明文、记叙文等多种文体，篇章结构各有特色。

网络发达的现在，教学也要跟着时代，也就是利用现代化教学手段，广泛地阅读有用的知识。教师应重视阅读材料研究工作，培养学生良好的阅读习惯。通过大量的教学实践，课内课外相结合，让学生恰到好处地默读、精读和泛读，通过各个阅读环节的循序渐进，切实训练学生的阅读技能，实现全面提高学生的阅读理解能力的目的。

英语教学创新要本着一切为教与学服务的原则，从根本上改变教学思想、课程设置、教学模式、教学方法与手段、课程设置等，着重探索现代教育技术和多媒体网络支持下英语教学和学习方式的有效改进，以及学生知识构建的多种途径和方式，充分发挥人的潜能，利用信息时代跨时空、大信息量、交互性和个性化学习的优势，形成有效的学习策略，实现理论与实践，自主与合作，敢于探究的多样化学习，培养学生持续、高效的学习能力，加强学生英语语言综合运用，特别提高听说能力，以适应学习化社会的需要，增强其对未来工作、生活的适应能力和竞争能力。

三、跨文化背景下的英语教学改革创新

(一) 跨文化交际教学模式下的英语教学的意义

语言是文化的载体，也是文化组成的部分，反映着一个民族的文化，在更深层次上揭示了民族文化的内容；语言不能超越文化的背景而独立存在，英语教学的目的就在于培养学生的语言运用能力和交际能力，这起码离不开学生对所学知识以及知识的文化背景的了解。通过跨文化视野下的英语教学可以促进大学生了解语言知识体系，了解民族之间的文化差异与语言差异，使大学生在接受英语教学的过程中能够更进一步拓宽知识面；跨文化视野下的英语教学改变了传统的教学模式与考核制度，通过教学模式与评价制度的改革，可以提高学生的文化素养以及学生的综合素养，便于学生在语言学习的过程中更加透彻地理解知识，更加主动、自觉地学习知识。

从古至今，关于语言和文化之间的关系，学者们给出了很多解释，但是，归根到底都是表明语言与文化之间是相辅相成的关系，二者相互渗透，相互促进，共同发挥作用。语言是一个国家或地区文化的重要组成部分，例如，我国少数民族的语言，本身就是代表少数民族的文化；对于文化而言，语言是其传播的载体，由它进行文化的宣传和传播。语言和文化是一个不可分割的整体，通过学习语言，可以让人们了解一个国家的政治、经济、文化等方面的知识。加之我国大学开展英语教学的目的是促进国际之间的交流和合作，了解国外的先进思想和技术，培养国际型的人才。因此，要想这些人才更有利于国际之间的交流，首先应该确保这些人才在储备自身知识的同时，也要了解、熟知国外的文化。此外，值得一提的是，在对学生进行跨国际交流的英语教学时，能够培养学生的跨文化能力，借助英语的独特魅力，激发学生的学习兴趣。

(二) 英语教学改革创新

1. 英语教师自身树立跨文化交际意识，转变教学理念

有效的语言交流不仅涉及一系列的语法规则和词条，还涉及语言的

社会文化和风俗习惯等；一句完全符合语法规则的话语用在不恰当的语境当中就无法达到交际的目的，甚至会造成误解和冲突。大到国际贸易谈判的摩擦，小到个人接触异国文化时的障碍和失败，都印证了仅靠语言的知识和技能是无法成功应用这门语言进行跨文化交际的。因此，作为学生英语学习的领路人，英语教师应首先提高自身的文化素质，树立跨文化交际意识；教学理念也应该从注重单纯传授语言知识和技能转向注重语言实际应用能力和跨文化交际能力培养上来。在课堂教学过程中有意识地把语言教学和文化教学相结合。例如，在讲解词汇语法、篇章结构、修辞等基础知识时，不能只停留在语言符号的表层含义上，还要有意识地向学生传授语言符号中隐含的深层文化内涵；同时进行基本的英汉语言文化对比，“将中西文化在称呼、招呼语、感谢、谦虚、赞扬、表示关心、谈话题材和价值观念等方面的差异自觉自然地渗透到英语教学中”，使学生了解英汉语言的语言形式、思维方式等语用差异，从而使学生得体地进行跨文化交流。“国外的有关实践表明，通过文化对比的手段，可以有效地增强人们的文化敏感性，从而增强人们的跨文化意识。”

2. 从培养跨文化交际能力角度进一步推行课程设置改革和教材改革

在课程设置时应加大听说课的比重，使学生有足够的时间和机会练习听说技能。在听说课堂上，尽最大可能地按照学生会经历的交际事件设置真实的语言交际场景。例如，商场购物、电话订房、订餐、求职面试等。同时，为非英语专业学生增设一些原本提供给英语专业学生的选修课和专业英语课。例如，跨文化交际课程及英语国家概况课程、圣经故事等。非英语专业学生应用的英语教材方面，“文化能力和语言能力应共同成为教学的目标，在教材中就应全面、系统地呈现和对待文化教学内容。文化和语言有机结合就应该以文化主题为主线，语言系统为暗线，以文化为内容，语言为手段。文化教学应该有自己的大纲、内容和方法，这就是文化教学的系统。”因此，在教材编写上应该进一步明确文化教学目标，如，要学生掌握哪些词汇，话语的文化内涵；要了解哪些历史、地理、宗教信仰、生活方式、风土人情等文化背景知识，并根据文化教学目标循序渐进地成系统地编写相应的教材内容，同时增加相应的文化练习习题。

3. 强调跨文化能力培养在外语学习中的重要性，增强学生参与跨文化外语教学的内在动机

帮助学生切实了解语言与文化之间的密切关系，认识到跨文化能力培养在外语教学中的重要性，让其不仅知道“做什么”“怎么做”，还知道“为什么要做”“做了可能有什么样的收获或成效”，由此增强学生参与跨文化外语互动教学的积极性。学生，尤其是刚进大学的学生各方面的可塑性都比较强，比如学习方法与认知思维习惯的形成，他们往往对即将开始的学习充满期待。因此，在开课之初，适当地引入文化学习、外语学习以及跨文化能力培养的概念，并通过对某具体文化现象或事件的分析让学生认识到跨文化外语教学的必要性和重要性，让他们对语言与文化的关系，跨文化因素对个体学习所能产生的影响产生深刻印象，加强其在后续学习中有意识进行跨文化知识学习及跨文化交际能力培养的内在动机。例如，教师可以在课堂上就中国学生上课参与互动少或者不主动问问题的习惯为主题组织学生运用外语展开讨论，鼓励他们从文化层面及个人性格层面进行分析，同时将西方学生与之截然不同的上课状态、思想观念和学习习惯进行对比和现场体验，在此过程中完成讨论、反思与后期学习计划，运用学生熟知且有切身体验的事例或现实问题作为文化教学与语言教学的结合更易使学生产生共鸣，取得事半功倍的效果。

4. 加大中华民族文化在跨文化外语教学中的比重，提高学生用外语表述及分析相关文化内容的能力

进行跨文化外语教学的目的在于为国家培养所需的高素质复合型人才，这些人才应具备足够的语言知识技能和专业能力，具备一定的民族文化底蕴和人文积淀，愿意为祖国建设和发展作出贡献，并以中华民族

文化的对外传播为己任。加大中华民族文化在教学中的比重，在内容上从如建筑、书法、太极等浅层文化因素，深入到影响国人价值观、行为规范与思想观念的深层文化结构因素，以优秀文化典籍为内容依托，运用外语语言，以对本族文化的讨论与反思为出发点，引导学生进行思考。在此过程中帮助学生养成反思的学习习惯与发散性思维，增强文化自信和文化自觉意识，让他们在跨文化交际情境下能够“有话题”“有观点”，能够用外语清晰地表达自己的观点，实现文化沟通、分享与传播。

5. 合理利用多媒体网络资源，创造“耳濡目染”的环境，由教师引导学生完成跨文化交际能力训练相关内容的自主学习

利用与英语教材配套的英语网络教学平台完成语言学习的同时，结合教材的文化内容推荐给学生优秀适宜的影视资源。例如，以美国南北战争为背景的《乱世佳人》，反映美国普通人日常生活习惯和价值观的《老友记》等。这样既能激发学生英语学习的能动性，又能使学生在娱乐之中收获相关的语言及文化知识，逐渐培养学生的跨文化交际意识和能力。

6. 切实有效地开设第二课堂活动，创造真实语言环境，提高学生跨文化交际能力

在教师指导下开展第二课堂学习活动不仅是对课堂教学的有效补充，同时也能更好地调动学生英语学习的兴趣。对于传统的英语角、英语晚会、英文歌曲大赛、英文话剧等活动，有学生抱怨因受客观条件限制，活动中多是与中国学生互动，跟以英语为母语的人沟通的机会较少，有些甚至为零。久而久之，就失去了参与活动的动力，因而也达不到预期的效果。针对这种情况，教师应鼓励学生利用互联网等高科技手段争取真正与外国友人进行跨文化交际的实践机会。例如，通过SKYPE等网络聊天工具与外国网友特别是以英语为母语的外国友人进行语音的或文字的交流，让学生真正体会“学以致用”的乐趣，定期地

把学生在交际过程中遭遇的语言的、非语言的跨文化交际障碍汇总，并逐一进行案例式分析来帮助学生在实践中提高跨文化交际的能力水平。开设有效的第二课堂能帮助学生创造跨文化交际的环境和氛围，最终实现对非英语专业学生的外语教学的目标。

7. 采用更科学合理的评价方式

在命题方面，应着眼于对学生听、说、读、写、译等各方面的综合考评，并适当增添对文化教学内容的考核。从考核方式上，应把形成性评估与终结性评估相结合，实行课堂考核、网络考核、试题考核和第二英语课堂考评相结合，以全方位地检测学生对英语语言的运用情况，特别是对学生的跨文化交际能力的考核。

从跨文化交际视角对英语教学进行改革，培养具备用英语进行跨文化交际意识和能力的非英语专业本科人才，顺应了中国高等教育素质改革和经济发展及国际交流的形势，势在必行，而且具有很强的现实意义。

第五章　文化融合与高校英语教学模式创新

第一节　跨文化高校英语教学实施建议

一、提高教师的跨文化综合素质

作为外语教师，自身应具备很强的跨文化意识，这需要教师通过各种方法丰富自己的外语文化知识，对跨文化交际和比较文化差异有深刻的造诣，不断提高自身的文化修养。语言学家曾指出：我们不掌握文化背景就不能够教好语言。语言是文化的一部分，不懂得文化的模式和准则，就不可能真正学到语言。大学英语教师是大学英语习得的主要引导者，是沟通学生个体文化和英美文化的桥梁。大学英语教师所具有的跨文化知识和意识的强弱将从根本上直接影响学生的跨文化素质及其最终的跨文化习得及运用。

虽然，目前已经有大学英语教师在高校英语教学过程中意识到了跨文化教育的重要性，并且也尝试着在高校英语教学过程中进行跨文化教育，但是由于缺乏跨文化教学理念的指导和实践的经验，因而仍然是步履维艰。所以，跨文化教育的发展首先应当加强大学英语教师的跨文化教育，提高大学英语教师的跨文化素质。

（一）英语教师必须不断提高自身的文化修养

作为一名外语教师，必须不断学习，可以通过结交外国朋友，涉猎各种形式的文学作品，观赏精彩的外国电影录像，欣赏格调高雅的外文歌曲等各种渠道来了解外国文化，不断提高自身的文化修养，提高自己进行跨文化教育的能力和水平。首先，教师要熟悉教科书中的语言文化知识及文化特点。尤其是英语国家的典型文化背景知识。其次，英语教师要具备双重文化的理解和教授能力。既不能死抱着本民族文化不放，也不能只注重对英语国家文化的讲解。教学中教师要注重培养学生的社会文化洞察力。课堂上教师在教授英语知识的同时，应引导学生去注意作品的社会文化背景，揭示关键词的社会文化含义；或组织小范围的讨论，以培养学生对社会文化的敏感性和分析能力。

（二）拓宽英语教师在教学中的跨文化教育知识

对教师继续教育的内容和方式进行改革，拓宽英语教师在教学中的跨文化教育知识。第一，在英语教师培训的基础课程中增开人类学、民俗学等课程以及国内外的历史、地理、文学等知识，通过东西方思想方式和文化差异的介绍，东西方文学的比较，分析文化现象背后产生的原因，帮助教师认识外来文化，理解外来文化，树立多元文化和跨文化视野。第二，在英语教学的专业课程中，增加“多元文化教育”和“跨文化教育”等内容。这样有助于发展教师的多元文化性，在课程和教学中消除习惯使用的、带有文化歧视和文化偏见的内容，对不同文化间的差异能包容和接纳。第三，英语教师继续教育的内容要丰富，教师应具备全球一体化的理念，拥有广博的基础知识，同时教学与辅导中愿意将各种各样的观点呈现给学生。由此可见，英语教师在继续教育中必须具备扎实的英语专业知识、语言学基础知识、本民族的语言知识、英语教学法知识以及英语教学相关的知识，才能担当跨文化教育的重任。另外，在继续教育模式上可以采用灵活、多样的形式。

（1）短期培训计划与长期培训相结合。

（2）进修学习与访问学者形式相结合。

（3）常规交流与专题跨文化教育研究相结合。

（4）国内学习与国外进修相结合。

（5）脱产教育与远程网络教育相结合。

二、培养学生正确的跨文化心态

一般来说，一个人学习异国的语言、习俗和社会规则等虽然不易，但并不是不可达到的目标。只要花上足够的时间，具有一定的条件，还是可以做到的。但是，要真正了解另一种文化的价值观（更不用说接受或获得）却是极为困难的。一个人可以在另一种文化中生活很长的时间，掌握其语言，了解其习俗，但是，仍然可能不理解其价值观的某些部分。这就要求我们的教师在实际教学过程中，不仅要帮助学生把从外部世界获得的知识转化为自己内在的知识，还要培养他们对外国文化的鉴赏能力和判断能力，并运用所学的知识灵活应对跨文化交际的实践。也就是说，要让学生达到对外国文化不仅“知其然”，还“知其所以然”的境地。只有这样，他们才能正确理解和看待外国文化，吸取其所长，补己之所短，把外国文化中优秀的、对祖国建设有用的部分吸纳到我们的文化中来，进而弘扬中华文化。另外，必须帮助学生克服“本民族文化”对外语学习的障碍。应使学生在认识上有一个提高，克服不自觉的民族中心主义。科尔兹指出：“对于每个集团的人们，每种文化都是而且始终是以本民族为中心的，也就是说，他们认为自己的解决问题的办法比别人的办法优越，并且认为任何思想方法正确，会逻辑思维的人都会承认它的优越。饶有意思的是每个集团把他们自己对世界的看法看作是‘常识’或‘合乎自然’的看法。”因此教师要使学生提高对外国文化的认识，摒弃偏见，做到心胸宽广、态度开明，对外国文化采取一种全面的、客观的态度，不仅要尊重它们，还要努力学习它们、理解它们、适应它们，而不是把它们当作荒唐可笑的东西加以贬低和排斥，使其努力成为双文化者。但是，反过来讲，我们也不应以外国文化为标准，全盘接受而贬低自己的文化。对待外国文化，我们应理解、适应，而不是被它同化。因此，我们的教师不但要帮助学生以开放的心态学习认识英语国家的文化，更要鼓励学生通过英语了解世界万象，培养国际意识和合理的跨文化心态。

三、编写新的教学大纲

尽管英语教学大纲指出："英语教学的目的，是通过听、说、读、写的训练，使学生获得英语基础知识和运用英语进行交际的能力。"但是大纲对跨文化交际能力和文化素养的培养未做具体的要求，比如应该掌握哪些情景下的哪些语言功能、哪几种语篇类型、哪些交际策略，应该了解哪些目的语的非言语行为，应该学习哪些目的语的交际习俗、礼仪、社会结构、人际关系、价值观念，等等。还应在大纲现有的四级、六级词汇表中增补学术研究和对外交往中常用的词汇，在词汇释义中加入一些实用性很强的释义，在母语文化和目的语文化中的有不同联想意义的常用词汇、习语、谚语等要注明其联想意义，对某些词汇还要注明其语体；还要规定向全体学生开设英美文学欣赏、英美文化、跨文化交际学等选修课。一份细致的教学大纲不但为整个教学活动指明了方向，还是检查和考试的依据。任何的教学都离不开检测和考试，但由于跨文化教学本身的特点，英语跨文化的检测形式应有别于语言技能的检测方式。

四、选择适当的教科书

（一）优化课程内容

英语课程的内容可供选择的比较浩繁，因此，所选择的内容必须能鼓励学生积极参与，对内容的反思和分析也要有利于揭示不同区域各民族和文化具有的共性与个性点，同时还应增加体现本民族文化特色的内容。

（二）对英语教科书教学内容进行科学的选择

如何选择有效英语教学内容，应该遵循以下几个方面的原则。

1. 教学材料真实化和语境化的原则

所谓真实的教学材料是指真实交际环境下所使用的，不是专门为教学而设计的材料。真实的教学材料之所以重要，是因为它们将学习者的英语学习与现实生活和真实的社会环境和历史背景联系起来。这样不仅有利于激发学习者的语言学习兴趣和积极性，还使他们在面对真实的社会交际环境时，能够做到从容面对，学以致用，从而提高学习效率。与材料真实化原则紧密相关的是语境化原则。语境化有两层含义：一是避免将语言形式从其使用的环境中脱离出来，进行孤立的、纯语言的分析和学习。二是避免将文化信息从其文化意义系统中抽取出来，作为知识进行分析和学习。因为语言和文化必须是一个系统学习的过程，语言和文化的意义只有在一定的社会环境和历史背景下才能够被准确、充分地理解，所以语言与文化教学材料的呈现必须语境化。

2. 对各民族文化尊重原则

一方面，要尊重目的语的民族文化传统。重视目的语国家民族的文化以及民俗民风，尽可能全面、准确地对目的语国家民族的文化知识进行介绍，不能回避、乱解、生硬更改内容，应从跨文化教育目的为出发点，有目的地介绍目的语民族文化的特点和值得我们学习、吸收借鉴之处，引导学生获得全面准确的目的语民族文化知识，并具备不断更新知识的能力。另一方面，要尊重母语与民族文化传统。虽然全球化潮流势不可挡，英语的影响在不断扩大，但并不是由英语来一统天下，民族特色文化是不可抹杀的，各民族特色的文化与之交流抗衡中相互影响和交融。因此，尊重民族文化的原则应包括尊重同一目的语为通用语的民族文化传统、不同区域民族文化传统和母语的文化传统。这样就要求在教学内容上科学选择。首先，要增加非目的语国家民族的文学作品，只有读了这种英译本，在交际中才能准确表达非目的语国家文化。其次，扩大包含目的语和非目的语民族的政治、经济、文教、史地、社会风俗等内容。再次，音像教学的内容要多样化，让学生听到和习惯各种不同的语音、语调。最后，扩大具有中国历史文化特色的英语词汇、短语、句子以及中国的成语、谚语等，促进中华文化传播。

3. 注重培养跨文化意识、能力原则

教学内容应把文化内容和英语语言教学紧密结合起来，选择有异国文化习俗、历史背景、民间故事、传说内容的教科书。这样有助于学生形成有效的跨文化意识，具备跨文化的比较、参照、取舍、传播能力，也有利于培养学生实际运用英语的能力。

五、改革跨文化测试内容与形式

跨文化测试的内容应包括具体文化和抽象文化两个方面，以及文化知识、文化意识、文化态度、文化行为等多个方面，所以采用的评价方法和手段也应多种多样。跨文化知识的测试可以采用填空、选择、正误判断等传统的客观题形式。重要的是将学习者应该掌握的文化知识全面、系统地通过各种测试手段予以体现。跨文化行为的测试既可以采取笔试形式，通过设置模拟现实的任务让学习者书面应答，也可以通过直接观察学习者真实的行为表现来进行评价。目前，大学英语口语考试已在全国推广，在英语四、六级考试试题中也加入检测学生语言运用能力和目的语文化知识，测试跨文化交际能力的内容有很大幅度提高，这都说明英语语言运用能力的测试迈出了可喜的一步。但是仍有许多工作要做。如，现在评分体系中缺乏“语言的得体性”的标准。没有针对非英语专业学生为对象测试目的语文化知识的内容，考生的文化创造力的测评也是一大难题等，都影响跨文化教育的发展，应尽快组织人员进行专题科研，攻克这一难关。

六、其他形式的跨文化教育

跨文化教育不但可以在语言教学上进行，还可以利用其他形式进行有效的推广。

（一）利用多媒体教学手段

多媒体教学手段被大量地应用于现代英语教学中，这种集图、文、音、像等为一体的互动教学形式，大大增加了课堂教学信息量，这不仅有利于提高学习者进行语言交际的积极性，更有助于提高跨文化交际的能力。日益发展的多媒体技术为在外语教学中进行跨文化的教育开辟了新的渠道。它可以将各种跨文化交际情景真实地展现给读者，让他们有一种身临其境的感受，使英语跨文化教育效果提高明显。

(二) 充分利用外教资源

中外合作办学的推广，一个行之有效的形式就是互派教师，这已成为跨文化教育师资不可替代的力量，可以弥补涉及内容甚广的社会文化知识和本国教师无法接触到的，也体会不到的文化内容。通过外籍教师切身讲解、传授他们本国的文化的方式，学生可以直接感受其他国家文化与本国文化的差异与共同规律。同时由于外籍教师本身正经历着所在国家文化的冲击与熏陶，更可以从自身的实际出发，体会跨文化的感受，指出跨文化交际中所应注意的事项。

(三) 利用教育网站

当前，英语学习可以通过英语电影、电视、幻灯片、录像、多媒体、互联网等多种形式，尤其是互联网为英语的教学提供了丰富的信息，像中国教育网、中国教育热线、中华教育网等网站中就有相当多有关英语国家文化背景知识和其他相关信息。教师可以在网络上寻找适合学生阅读的文化背景知识，挑选代表性的知识，通过下载、网址收藏等形式提供给学生，也可以引导学生浏览相关网页，这样不仅信息量大，知识更新及时，还能紧跟时代步伐。如，hao 360 英语学习网的网页中就设有英语宝库、英语杂谈、英语游戏、英语歌曲等栏目，且信息量很大，更新较快。这符合现代大学生接受新事物快，对新事物感兴趣的特点。这些使得英语文化背景知识的获得与接受变得快捷，掌握起来也较轻松，学习效果也较好。通过网络获取英语国家的文化背景知识大大提高了语言学习的效率，有效帮助学生使用地道的英语进行交际，提高学生运用英语交际的能力。

(四) 举办专题跨文化知识讲座

专题讲座已成为学术交流，前沿知识传播的有效方法，其优势体现在：其一，主讲人对主讲的内容有充分准备，并且对如何将内容进行最有效传递有充足的设想，讲解也较生动形象，收效也较好；其二，一般专题讲座内容、题材等都是学生关注或感兴趣的，因而学生会带着问题且抱着较大的兴趣来听讲座，这样有助于学生在一种有别于课堂的环境中轻松地接受、讨论跨文化知识，在良好的氛围中增长跨文化知识，提高跨文化交际应用能力。为了将专题跨文化讲座的效果发挥到最大，应对主讲内容有目的、有计划地科学安排，渗透每学期的教学内容，采用专题形式分别进行，如中外风俗差异、中外民间传说，等等。这样，经过一段时间的训练之后，学生对于跨文化知识的系统性认识将会有很大提高，对目的语国家文化整体的认知也会逐渐提高。

第二节　基于跨文化交际的高校英语教学具体策略

一、高校英语词汇中的跨文化教育

语言学家 Ranzboas 在 Language and Thought 一文中论述："在思维方面对语言和文化最有影响力的是词汇!"词汇是语言的基本要素，其含义和用法体现民族与文化间的差别。尤其英语习语是英语语言的瑰宝，是英语文化的一面镜子，并且短小精悍，便于学生记忆。因此，在英语教学中，教师应重视词汇的文化内涵，加强英语词汇中的跨文化教育。

（一）指示意义相同的词汇在不同文化中所产生的联想不一样或者截然相反

例如，一些颜色的词汇为不同语言和文化所共有，然而他们的文化内涵却截然不同。西方人们习惯用蓝色（blue）来表示消沉等负面的含义；但在中国文化中，人们用蓝色来表示宁静、祥和、肃穆，而猥亵下流的意思却用黄色来表示。同样绿色（green）在不同的文化中内涵也不同，在西方国家绿色被联想为"稚嫩、不成熟""缺乏经验"；而在中国文化中，绿色象征生命，代表春天、新生和希望。在中国文化中，人们过年、过节都喜欢用红色饰物装饰自己的家居，婚礼上新娘穿红色的服装表示喜庆、吉祥。用“红”作语素的词一般都包含兴旺、繁荣、成功、顺利、受欢迎、流行等含义，如红利、红运、红榜、开门红、红人等；而在讲英语的国家，红色多用来表示恼怒、气愤的意思，抑或还有其他负面的含义，如红灯区是妓女出没的场所。在谈到中国农民时，中国人往往称其为 peasant，而在西方国家，peasant 一般指未受过教育的，社会地位低下的，或举止粗鲁、思想狭隘的人，带有明显的负面含义。在汉语中，“农民”指的是直接从事农业生产劳动的人，无论在革命斗争中或是在社会主义建设中，都是一支重要的生力军，丝毫没有贬义。“ambition”一词中文翻译成“野心”。在中国文化中，人们经常使用“野心家”“野心勃勃”等，不难看出该词在中国文化里具有负面的含义；而在西方文化中，“ambition”是指“远大的抱负、理想”等正面、积极向上的内涵，这正是西方人所崇尚和追求的价值观。“柳树”在中国文化里被赋予分离、思念的联想意义。由于“柳”与“留”谐音，在长期的文字使用过程中，人们将“挽留、离别、思念”等这样的含义赋予“柳树”也是很自然的。在离别时古人有折柳送别的习俗。唐代大诗人王维在送好友元二出使安西的时候，也留下了“客舍青青柳色新”的佳句。而柳树（willow）在英语中与中国文化中的“柳树”有着不同的联想意义。在西方柳树常常使人联想起悲伤和忧愁，多与死亡相关。如在莎士比亚的《奥赛罗》（Othello）中，戴斯德蒙娜就曾唱过一首“柳树歌”，表达她的悲哀，同时暗示了她的死。在经历了巴比伦之囚以后，犹太人把马头琴挂在柳树上，寄托他们对耶路撒冷的思念。在 Dryden 所写的“Secret Love”中，柳树也有这样的联想意义：If you had not forsaken me，I had you；so the willows may flourish for any branches I shall rob’em of. 这些都表明 willow 在中西方虽同指相同的物体，但它们的联想意义却不同。中西文化中月亮的象征含义不尽相同。月亮在中国文化中象征意义十分丰富，它是美丽的象征，创造了优美的审美意境。“月亮”象征团圆。它能引发人们对团圆的渴望、团聚的欢乐以及远离故乡亲人的感伤，还能使人联想到“嫦娥、吴刚、玉兔、桂树”等神话传说。同时，月亮是人类相思情感的载体，它寄托了恋人间的相思，表达了人们对故乡和亲人朋友的怀念。在失意者的笔下，月亮又有了失意的象征。而月亮本身安宁与静谧的情韵，创造出静与美的审美意境，引发了许多失意文人的空灵情绪。高悬于天际的月亮，也引发了人们的哲理思考，月亮成为永恒的象征。自古以来，又有多少咏月诗词表达了“花好月圆人长寿”的美好愿望。而在英美文化中，月亮在月圆时象征着富饶，而在月缺时象征着死亡、风暴和毁灭。由于古罗马人相信精神受月亮的影响，所以他们认为精神错乱是由月亮引起的。月亮还被认为是使内心发生冲突、极度烦恼的原因，因而影响着精神病的病发。英文“lunacy”（疯狂）和“lunatic”（疯子）都源自月亮。这些文化内涵不同的词汇容易导致学生的理解错误。因此交际者必须十分注意这些具有民族文化背景的词汇。

（二）指示意义相同，在一种语言中有丰富的联想意义，在另一种语言中却没有的词汇

例如，“竹子”这种植物就与中国的传统文化有着深厚的关系。中国人常用竹来喻人，表达某人坚贞、高洁、刚正不阿的性格。“雪压枝头低，虽低不着泥；一朝红日出，依旧与天齐”，这是明太祖朱元璋给予竹的刚正之誉；邵谒的《金古园怀古》中“竹死不变节，花落有余香”，欧阳修的“竹色君子德，猗猗寒更绿”，等等。与之相反的是bamboo（竹子）一词在英语中几乎没有什么联想意义，它只是一个名称而已。在中国传统文化中，“九”是表示最多、最高的大数，又因为“九”与“久”谐音，人们往往用“九”表示“长久”的意思。历代帝王都崇拜“九”，希望长治久安。因此，皇帝穿九龙袍，故宫房屋有9 999间，每个门上的铜门钉也是横竖9颗，共有九九八十一颗门钉，取“重九”吉利之意。而在英语中，nine（九）并没有特殊的内涵。

（三）各自文化中特有的词汇，即文化中的词汇缺项现象

语言的词汇系统总是依附于其社会文化，历史长河中一个国家曾有过的文化个性都会在语言文字上留下不可磨灭的印记。由于汉英民族在宗教信仰、自然环境、政治体系、经济发展水平、历史传统、价值取向等诸方面的差异，各个民族的文化中都有大量为该民族文化所特有，而为另一文化所无的特殊现象，这样就难免在另一文化中造成“真空”地带，即文化“零对应性”，也就是汉英文化中的词汇缺项现象。在中国北方农村常见的“炕”对多数英语国家的人来说，如不亲眼看见，亲自尝试，是完全难以想象的。如翻译成英文，则必须给予适当的解释和说明。Kang：a heat able brick bed。类似的还有“冰糖葫芦”。

又例如，汉语中的“阴阳”很难确切地译为英文，在英文里没有合适的对应词，这是因为中国的哲学思想或价值观念与西方的不同。“阴阳”本源于中国古代道家的学说，他们认为世界万物都有阴阳两面，相克相生，互相转化。同样，英语词汇中也存在着诸如 motel（汽车旅馆），hot dog（热狗），time clock（打卡钟，备有记录员工上下班时间装置的钟）等词汇，在汉语中找不到对应词甚至近义词。同样，像 cowboy、hippie、dink 这样的词虽然被译成汉语，但不了解西方文化的人并不能确切知道他们到底是些什么人。在课堂教学中，教师首先要让学生弄清缺项词语在两种语言中的真正文化内涵，然后可通过音译、直译或意译并在译文中加解释说明或文化诠释来处理词语空缺造成的交际障碍，从而使跨文化交际得以顺利进行。

二、高校英语语法和篇章教学中的跨文化教育

（一）高校英语语法教学中的跨文化教育

语法是语言表达方式的小结，它揭示了连字成词、组词成句、句合成篇的基本规律。每一种语言都有其独特的语法体系，不同的语言使用不同的语法系统和规则来指导和评价该语言群体的语言使用。英语是一

种形态语言，其语法关系主要通过其本身的形态变化和借助一定的虚词来表达的。英语句子多靠形合，汉语句子多靠意合。英语句子能够形成紧凑严密的树形结构，是因为有各种连接词起到了黏合剂的作用。汉语句子的线性结构灵活流畅，是因为没有过多的“黏合剂”，句段之间可不用任何连接符号，而靠语义上的联系结合在一起。如“If winter comes，can spring be far behind?”（冬天来了，春天还会远吗?）一看到连词 if 两句的语法关系便了然于胸。与英语句法比较，汉语重语义，轻形式。对汉语句子理解一般要靠环境以及文化背景等方面因素的整体把握。如，“打得赢就打，打不赢就走，还怕没办法?”毛主席这句脍炙人口的名言，看上去像是一连串动词的堆砌，几个短句之间无连接词语，但其上下文的语义使它们浑然一体。如要表达“他是我的一个朋友”，不能说“He’s my a friend”，而应该说“He’s a friend of mine”，双重所有格准确地体现了“他”与“我的朋友们”之间的部分关系。这就是我们常说的英语重形合，汉语重意合，西方人重理性和逻辑思维，汉民族重悟性和辩证思维。所以，在日常语法教学中，教师适时恰当地引入目的语文化元素，将中西文化差异进行对比，既能使学生获得目的语的文化知识，又能使枯燥无味的语法学习变得鲜活有趣，从而提高学生的学习兴趣。

（二）高校英语篇章教学中的跨文化教育

外语教师在篇章教学过程中，要坚持介绍文章作者生平，故事或事件文化历史背景及其他相关文化科学知识，解释因文化差异而产生理解困难的句子。这些对拓宽学生的文化视野，感受文化差异，消除阅读障碍有很大帮助。高等教育出版社的《实用英语》（Practical English）教科书提供了大量不同体裁和题材的文章，同时传载着丰富的文化信息，我们必须加以充分利用。如第一册中 Table Manners and Customs 一文，重点放在提高跨文化知识的理解能力方面，与课文新的语言知识学习和巩固性练习安排在不同学时。这种安排有益于课堂教学中语言、文化氛围的形成，使学生感受到语言文化的双重熏陶。另外，一些课文本来就是有关西方文化的内容，如第二册 What Is Culture 课文本身就是一种跨文化知识的传授，教师在教学过程中应适当联系、补充一些与课文相关的知识，甚至可以与母语文化中相关内容进行比较，使学生对同一个主题文化有更全面、更系统的认识。如，课文涉及食品与健康，就自然联想到外国快餐进军到中国和中西餐桌礼仪与文化；讲美国就会提到美洲大陆、移民、CHINATOWN、海归派、种族歧视等。除课本外，教师应选择体现中西文化共性和差异的英文文章，作为学生的课外补充材料，使学生加深了解西方的风土人情和价值取向。

三、高校英语翻译和写作教学中的跨文化教育

(一) 高校英语翻译教学中的跨文化教育

被看作是两种语言转换过程的翻译活动绝不仅仅是从一种语言到另一种语言的传递，也不可能是字、词、句之间的机械转换，它是两种文化之间的跨文化交流活动。因此，不了解文化之间的差异无疑会在翻译过程中产生很大障碍。学生在翻译中常出现的最严重的错误往往不是因为表达不当造成的，而是源于文化差异所造成的障碍。因此，应该在大学英语翻译教学中，加强中西方文化背景知识的传授。

1．地域和历史方面的文化差异对翻译的影响

所谓地域文化就是指由所处地域、自然条件和地理环境所形成的文化现象，其表现就是不同民族对同一种现象或事物表达形式采用不同的言语。例如，汉语中人们常用“雨后春笋”来形容新事物的迅速涌现或蓬勃发展，但是英语中却用 spring up like mushrooms（蘑菇）；汉语中的“多如牛毛”表示事物之多，而英语中则用 plentiful as blackberries（黑莓）。中国在地理环境上属于半封闭的大河大陆型，自古以来，人们生活和生产活动主要是依附在土地上。因此，汉语词汇和习语许多都与“土”有关，如，“土生土长（locally born and bred）、土洋并举（to use both indigenous and foreign method）、土特产（local product）”等。但在英译时它们都失去了“土地”一词的字面意思。倘若将“土”字都

不留余地地译出，就会让西方人感到莫名其妙。

相反，英国是个岛国，四面环海，英语中与海洋渔业有关的表达俯拾皆是，但翻译成汉语时却采用另外的表达法。如，英语“All at sea”（字面意思为“在海上”），汉语却翻译为“茫然不知所措”；英语“A small leak will sink a great ship”（字面意思为“小漏沉大船”），汉语却翻译为“蝼蚁之穴能溃千里”；英语“sink or swim”（字面意思为“是浮还是沉”），汉语却翻译为“孤注一掷”。英语“Spend money like water”（字面意思为“花钱如水”），汉语却翻译为“挥金如土”。一定的语言表达跟特定的历史文化也是分不开的，在两种语言之间进行翻译时，会经常遇到由于历史文化差异而出现的翻译难题。例如，英语“waterloo（滑铁卢）”是比利时的一个地名，拿破仑于1815年在那里惨败，整个战局为之一变。因此，“to meet one's waterloo”在进行翻译时应该包含“遭到决定性失败”之意。又如，“三个臭皮匠，合成一个诸葛亮”。诸葛亮是中国历史上的著名人物，在中国家喻户晓，是人们心目中智慧的象征。但西方读者未必知道他是何人，与“臭皮匠”有何联系，若采用直译很难传递句子所蕴含的丰富历史文化信息。在此只有采用直译加增译相结合的方法，才能使原语言的信息得以充分再现，故可译为：“Three cobblers with their wits combined equal Chukeh Liang the master mind.”

2. 思维方式和价值观的差异对翻译的影响

思维方式的差异本质上是文化差异的表现，长久生活在不同区域的人具有不同的文化特征，因而也形成了不同的思维方式。英语民族的思维是个体的、独特的，而中国人注重整体、综合、概括思维。表现在语言上，英语偏好用词具体细腻，而汉语用词概括模糊。例如，“说”一词，英语有“say、speak、tell”等，这些词可以表达不同情况下“说”的意思。

这样使语言简洁准确，又富于变化，形象生动。而汉语往往趋向于泛指，在“说”前加副词修饰语。如，语无伦次地说，低声地说，嘟嘟嚷嚷地说。东方人偏重人文，注重伦理道德；西方人偏重自然，注重科学技术。东方人重悟性、直觉、求同、求稳、重和谐；西方人则重理性、逻辑、求异、求变、重竞争等。不同的思维方式决定了各个民族按照各自不同的方式创造不同的文化，而这种不同必然要通过文化的载体——语言得以表达。这种思维方式的差异常导致翻译中一些词语的引申义不同。因此，我们要谨防翻译陷阱。价值观指人的意识形态、伦理道德，以及风俗人情等为人处世准则的观念。一般认为是特定文化和生活方式的核心，表现在两种语言中，会对语言理解和翻译造成很多障碍，足以引起翻译工作者的重视。中国人认为个人是“沧海一粟”微不足道，推崇社团和集体价值，强调社会群体的统一和认同，是一种社团价值至上的价值取向。而西方文化则是个人价值至上，它推崇个人主义，强调个人的存在价值，崇拜个人奋斗。例如，英语谚语中说“God helps those who help themselves”（天助自助者），“life is a battle”（生活就是战斗），这些英语谚语都在告诫人们：只有靠自己奋斗，才能获得成功和安全感。这些都表明西方人的个人主义价值观。中国人常说“四海之内皆兄弟”“在家靠父母，出门靠朋友”“仁义值千金”“大树底下好乘凉”等，这都说明中国人常把自己和所谓自家人视为一体，并希望能够在自身以外找到安全之所。中国传统文化里最重要的价值观念是“忠”和“孝”。人际交往很注意自我与谈话对象的关系。中国文化又被称为“我们文化”“集体主义文化”。将英语中的“individualism”与汉语中的“个人主义”相提并论，价值观的差异尤为明显。在西方，该词指的是“独立自主”的个人品质，人们把自己看成单独的个体，凡事都从个人利益出发，以个人为中心，体现个人价值。他们相信天道酬勤（God help those who help themselves），主张独立自强，喜欢个人竞争，强调平等和权利。而中国的传统文化，由于受儒家和道教思想的影响，强调群体意识，个人的利益服从集体的利益，各个成员之间互帮互助，彼此合作。因此，汉文化的“个人主义”是与“集体主义”相对的贬义词。它是指一切从个人出发，把个人利益放在集体利益之上，只顾自己，不顾他人的错误思想。

（二）高校英语写作教学中的跨文化教育

英汉两种语言的篇章结构与其思维模式相关，有什么样的思维模式就有什么样的语篇组织结构。西方文化注重线性的因果式思维，而中国文化偏重直觉和整体式思维。这就导致语篇结构方面的巨大差异。英语句子组织严密，层次井然有序，其句法功能一望便知。

比如，“If winter comes，can spring be far behind?”一见到连词 if 两句间逻辑关系便了然于胸。而汉语句子成分之间没有英语那么多的黏合剂，较少地使用连接手段，句子看上去显得松散，句子间的逻辑联系从外表不易看出。汉语思维模式呈螺旋形，其思维习惯在书面语言上的表现形式是迂回曲折，不直接切入主题，而是在主题外围“兜圈子”或“旁敲侧击”，最后进入主题。“文若看山不喜平”是典型的汉语修辞模式，也成为衡量文采的标准。英语篇章的组织和发展是“直线式”(linear)，通常先开门见山直抒己见，以主题句开始，直截了当地陈述主题，然后用事实说明。即先有主题句，后接自然衔接的例证句。

英美人的思维方式决定了英语写作中出现主题句的必然。例如，Soccer is a difficult sort. ①A layer must be able to run steadily without rest. ②Sometimes a layer must hit the ball with his head. ③He must be willing to bang into and be banged into by others. 这段话的第一句就是主题句，是段落的中心。①②③句是用来说明，支撑主题句的。而在汉语中，我们习惯于先分后总，先说原因后说结果，即所谓的“前因后果”。如果要表达同样的意思，我们会这样说：足球运动员必须能不断地奔跑，有时得用头顶球，撞击别人或被别人撞，必须忍受双脚和全身肌肉的疼痛，所以说，足球运动是一项难度较大的运动。这样通过对比，使学生了解中西的写作思维模式差异，学会用英语思维，写出较地道的英语文章。

第六章　英语教学与跨文化交际融合的新发展

英语作为世界上应用最广泛的语言在国际事务中扮演着至关重要的角色，也在我国外语教学中占据着最重要的位置。随着文化多元化格局的形成，我国英语教学越来越重视跨文化交际的融入。近年来，跨文化交际与英语教学的融合出现了新的发展趋势。

第一节　实施个性化教学

一、个性化教学的优势

（一）可以提升学生的学习兴趣

个性化教学强调对个体予以最大的尊重，主张为学生的个性化发展提供便利条件，将学生的个性化发展摆在教学的第一位。与传统教学模式相比，个性化教学更加关注教学中师生之间、学生之间的积极互动，这种教学模式有助于激发学生的学习兴趣，将学生的注意力都吸引到教学内容上，突出学生在英语学习中的主体地位。

（二）易于创建平等和谐的课堂氛围

个性化教学希望突破传统教学的死板枯燥，充分激发学生的主观能动性，尊重学生自己的想法与意见，营造轻松愉快的课堂氛围，构建平等和谐的师生关系，促进教师与学生之间的互动，强调教师与学生的平等。在个性化教学中，师生互相予以对方尊重，为了达成同一个目标而共同努力前进。

（三）有利于个性化人才培养

个性化教学的最终目的就是促进学生的个性发展，引导学生合理规划自己的学习计划，成为个性化人才。当前，个性化人才正是社会所急需的。英语个性化教学为学生提供了良好的学习环境，丰富的展现自我的机会，有助于在潜移默化中提升学生的学习能力，为之后进入社会做好准备。

二、个性化教学的原则

（一）尊重学生个性的发展

尊重学生个性发展是个性化教学最突出也是最重要的原则。在英语教学改革进程的推进下，素质教育逐渐出现在人们的视线中，素质教育与学生的个性发展密不可分。发展素质教育是促进学生个性发展的重要途径，个性化英语教学也对素质教育的开展有着积极的促进作用。

（二）尊重学生的主体地位

尊重学生的主体地位是个性化教学的又一重要原则。个性化教学要求教师对学生的主体地位予以充分的尊重，并且要将这种尊重贯穿教学过程的始终。不论是教学内容设计还是教学策略实施，都要坚持以学生为中心，与学生在平等的基础上展开对话交流。个性化教学对学生的充分尊重，可以让学生感受到自己在学习中的重要性，激发学生的学习主动性，使其积极自主地投入英语学习。

（三）尊重学生的自尊心

个性化教学要求教师尊重学生的自尊心，之所以将这一点作为个性化教学的重要原则，是因为自尊心具有一定的渗透性，它能够直接影响人们的学习行为。如果一个人没有自尊心，就很难了解自我，其学习主动性难以得到激发。自尊心是一个人生命意义、生命价值的体现。因此，对学生自尊心的关注与尊重是实施个性化教学的重要前提，只有这样，教师才能发现学生的优势并予以发展，有针对性地提升学生的英语应用能力。

三、个性化英语教学模式的建构

（一）建立个性化教学指导组织

构建个性化英语教学模式，首先应该建立个性化教学指导组织，这样才能率先在制度上为个性化英语教学的实施提供保障。具体来看，个性化英语教学指导组织的职能包括以下几点：第一，根据个性化英语教学的计划方针、结合个性化英语学习过程中遇到的问题，对教师的个性化英语教学、学生的个性化英语学习予以指导。第二，负责整合、联络校内、校外的英语教师与相关教学领域的专家，建立个性化英语教学组，专门针对具有差异性的学生群体进行教学指导。

（二）建立个性化教学校内教师协作团体

组建个性化英语教学校内协作团体很有必要。不同的教师所掌握的教学信息资料可能有所不同，他们的教学素质与教学水平也存在差异，因此，组建校内教师协作团体有助于英语教师互相交换教学资源，取长补短，交流教学经验，共同提升英语教学能力。可以说，个性化英语教学校内教师协作团体对于个性化英语教学的实施而言，发挥着重要作用。

（三）建立个性化教学校外教师协作团体

除了校内教师协作团体之外，个性化英语教学的校外教师协作团体也非常重要。校外教师协作团体的建立旨在为与社会搭建一个交流互通的桥梁，将社会上优秀的英语人才引入英语个性化教学体系中，为个性化英语教学而服务。通常，校外教师协作团体是由教研室、兄弟院校的教研机构、校外英语教育专家共同组成的。

每个学生都是一个独立的个体，都有着自己的个性化需求，因此个性化英语教学具有一定的复杂性，要求英语教师具有较高的教学水平以及个性化教学意识。但有些校内的英语教师可能无法达到这一要求，这就需要调动一些社会力量。校外教师协作团体的建立能够将社会上的英语人才聚集起来，使其在英语个性化教学中发挥一定的力量。

除此之外，还应注意英语个性化教学与集体教学的异同。教师在设计英语课程时，应该平衡个性化教学与集体教学的关系，使二者达到有机结合，一方面，保证个性化英语教学的组织性，即为个性化英语教学留出充足的时间；另一方面，在集体教学中穿插个性化教学，对重难点知识进行个性化指导，这有助于节省教学时间，提升教学效率，激发学生的兴趣，开发学生的潜能。

第二节　采用网络多媒体教学

一、网络多媒体教学的优势

（一）课时分配合理，教学节奏控制有效

英语教学与中学英语教学有着显著的差异，大学生获得了比中学时期更加丰富的英语知识，这就要求英语教师不能再沿用过去使用的教学方法开展英语教学活动，而是应该从大学生的实际情况出发，探索出一些新的教学方法。在传统英语教学中，教师扮演着多重角色，他们既要制定教学计划，又要对课程走向进行准确把握，既要科学设置课程内容，又要合理安排课时量。总之，在传统英语课堂上，教师任务繁重，必须通过技术手段解放教师，多媒体教学就实现了这一目标。

将多媒体引入英语课堂，教师可以将大量的知识呈现给学生，而且还能进一步提升学生的学习积极性，这是因为多媒体能给予学生丰富的感官刺激，能让学生认识到英语学习的乐趣。此外，教师进行多媒体教学，还能帮助其把握教学的节奏，调节课堂气氛，从而使英语教学始终在一种愉悦、和谐的氛围中进行。

（二）教学资源丰富，学习共享度高

中国高等英语教学内容一直有限，教师一般都将英语教材上的内容

作为课上讲解的重点，但是我们需要清楚的是，英语是一种语言，它需要学生在实际中应用才能提高学生的应用水平，理论知识的学习只是基础，因此，教师不能过度进行理论教学。

中国学生学习英语受环境所限，他们无法让自己直接身处于纯正的英语口语环境中，以至于很多学生无法提高自己的英语应用水平。在多媒体英语课堂上，教师利用多媒体能将丰富的学习资源呈现给学生，根据不同的内容，教师可以搜集不同的信息，最重要的是要让知识更加与学生的生活相贴近。

二、利用网络多媒体辅助跨文化学习的策略

（一）观看网络视频，增强互动交流

每一位学习英语的学生都不应该只是关注自己英语理论知识的学习情况，而且还要重视自己的跨文化交际能力的培养与提高问题。这里需要明确的是，跨文化能力的提高并不是一件易事，靠学生死记硬背相关知识，是无法实现的。而网络恰恰给教师解决这一问题提供了一个新的方向。

教师可以从网络上获取一些与教学内容相关的跨文化知识，然后将这些知识分门别类，在课堂上将知识传授给学生的同时，还需要让学生学会自我总结，因此，在学生学习完跨文化知识之后，教师可以让学生共同分析、讨论其所提供的跨文化资料中的文化知识点。同时，还要将这些文化知识与中国文化知识相比较，使学生可以进一步了解中西文化的差异，这样，在对比分析中学生的跨文化交际能力就不知不觉提高了。此外，教师还应该积极鼓励学生进行多方位思考，根据思考的内容去网络上搜寻答案，当学生无法获得答案时，教师就需要给予其恰当的指导，久而久之，学生的跨文化交际能力必然会有所提高。

（二）分析网络文化，寻找跨文化差异

这是一个网络时代，网络技术的快速发展让网络文化逐渐在青年群

体中蔓延，这里需要指出的是，当然，一些网络文化确实开阔了大学生的视野，丰富了大学生的知识体系，但是，大学生的心智发展并没有非常成熟，他们还无法清楚辨别网络文化的正确与否，因此，非常容易受到一些消极网络文化的影响。当学生无法正确识别网络文化时，教师就应该主动站出来，帮助学生分析文化中的精华与糟粕，从而筛选出那些能够提高学生跨文化交际能力的文化。

首先，网络文化中的一些新兴词汇或俚语能将中西文化的差异体现出来。这些词汇与俚语通常以西方文化中的各种宗教典故为基础，因此，分析它们的过程就是逐渐理解与掌握西方文化的过程。俚语一般反映了时代特征，网络时代，俚语有了新的变化，教师对学生进行英语俚语教学，可以让学生了解中西网络文化差异。

其次，学生学习英语知识时需要掌握其他不同的知识，例如文化、历史等，这些知识往往能将西方人的价值观、风俗习惯等文化展现出来。因此，教师可以鼓励学生从网上获取这方面的知识，以使其可以掌握较为全面的西方文化知识，从而促进跨文化交际的有效实现。

（三）开展网络多媒体教学，培养学生的学习兴趣

兴趣是学生学习英语的主要动力之一，而合理的、科学的教学手段恰恰能激发学生的学习兴趣。因此，教师可以引入多媒体教学这一新颖的教学手段，进一步丰富英语课堂，让英语课堂变得更加生动、活泼。多媒体教学手段的使用，一方面能激发学生的学习积极性，另一方面则能有效拓展学生的知识面。

在英语跨文化教学中引入多媒体教学，是对传统英语教学的突破与革新。在笔者看来，能有效促进英语跨文化教学的多媒体课程，一般都具有以下几个条件：完备的学习激励机制，可以对学生的学习活动进行科学评价；师生间合理的教学互动，能帮助教师掌握学生的学习动态，了解学生的学习习惯，进而对学生学习进行有效评价；与时俱进的网络技术，能够激发学生的学习能动性与积极性。

因此，各的英语教师应该意识到多媒体教学的重要性，积极搜集各

种资源，并在英语课堂上广泛使用，从而不断培养学生的英语学习兴趣。

三、跨文化交际视域下网络多媒体教学的途径

（一）教学目标的合理化

首先，教师应该主动形成自己的跨文化交际意识，这样其才能在教学中自觉地将跨文化知识传授给学生。同时，英语毕竟是一门语言，语言环境对于语言学习至关重要，因此，教师还必须为学生营造一个利于语言学习与文化学习的环境。比如，在进行词汇教学时，可以先分析词汇背后的文化内涵，然后再根据这一文化内涵从网上寻找与之匹配的图片、语音或者视频资料，这样，学生就能从更加多样的环境中认识西方文化，同时也能有利于其跨文化交际活动的顺利开展。这种教学方式要比传统的教学方式有着更为明显的优势，一方面，它让学生摆脱了死记硬背的学习困境，另一方面，也让学生可以在学习词汇的同时学习文化知识，这在一定程度上丰富了学生的知识体系。

其次，网络多媒体具有信息承载量大、生动形象等优势，借助网络多媒体，教师可以为学生提供更多的知识，同时还能以不同的形式给学生介绍西方文化，学生学习完毕之后，不仅能获得西方文化知识，而且还能学会尊重西方文化。教师要让学生清楚地知道，文化并无优劣之分，任何一个民族的文化都应该被给予尊重，因此，学生既要学习与尊重西方文化，也要学习与尊重中国文化。了解两国文化优势与差异，能帮助其提高自己的文化素养，进而帮助其进行跨文化交际活动。

（二）教学内容的生动化

在选择教学内容时，教师必须将教学贴近学生生活的实际，例如，有些学生喜欢看电影，教师就可以通过英文电影进行教学，目的是学生能更接近英语国家的文化。电影往往是民族文化与价值观的体现，在英语课堂上为学生播放英文电影，学生不仅能学到各种地道的英语用法，

而且还能近距离地了解西方文化。

文学描述了不同时期民族文化发展的情况，通过阅读经典的文学作品，学生可以了解到西方文化。在英语教学中，教师可以鼓励学生在课下多阅读英美经典文学作品，让学生将自己的感悟用英语叙述出来，同时，到了课上，教师还可以让学生根据文学作品的内容进行改编，并根据改编的作品进行角色扮演活动。在学生角色扮演的过程中，教师可以通过手机将这一过程记录下来，之后再让学生通过观看视频找到自己英语口语中的不足，认识到自己在交际过程中所犯的文化错误。这样学生既能练习了口语，也能掌握了西方文化知识。

（三）教学手段的多样化

首先，有些教学内容无法直观体现，有些教学任务也无法有效完成，教师可以引用多媒体打造一个虚拟的英语教学环境。在这样一种环境中，学生可以根据所学的知识进行虚拟仿真训练。比如，在视听媒体的帮助下，教师为学生打造多样的虚拟英语节目，可以为学生设置英语记者招待会，也可以为学生模拟商务谈判活动等，这种虚拟仿真训练能让学生更直观地接触地道的英语。更重要的是，这是一种符合学生学习需求的教学方法，能极大地调动学生的学习积极性，这样学生就能在生动的语境中扎实掌握各种西方文化知识。

其次，模仿是人们学习语言的有效途径，因此，教师还可以为学生提供一些音视频，让学生跟着学习语言的读音与表达。一般来说，这种学习通常都是需要学生自己在课下完成的，这其实就是一种自主学习。在网络的帮助下，学生可以随时随地地学习英语，这给英语教学带来了诸多便利，过去英语教学是一种单向的语言输入，而在网络环境背景下，英语教学已经变成了一种语言与文化双向输入的模式。利用网络，学生可以学习英语与西方文化知识，同时，还能将自己从网上学到的知识反馈给教师，以充实教师的教学内容体系。

利用多媒体这一教学手段开展英语跨文化教学活动，教师可选择的教学方法是多种多样的，不仅可以使用文学作品、电影电视鉴赏法，而且还可以使用文化片段比较法、角色扮演法等。无论教师使用哪一种教学方法，其都必须与多媒体教学手段相结合，这样才能最大限度上提高英语跨文化教学的有效性，也才能不断提高学生的跨文化交际能力。

第三节 注重跨文化传播

一、跨文化传播中的文化障碍

（一）表层文化障碍

1. 对具有文化内涵词语的不同理解

词汇具有丰富的文化内涵，它在特定时期有其特定的文化内涵，并且随着人们认知的加深以及时代的发展，词汇的意义会出现两种情况，一种是词义扩大，另一种是词义缩小，词汇的变化过程其实也就是文化发展变迁的过程。不同的语言中虽然都会有词汇，但是每种语言中的词汇的文化内涵往往是不同的。英汉两种语言中就出现了这种情况，同一词汇，在英语中的文化内涵与汉语中的文化内涵是不一样的。当然，有些词汇也会在意义上有着些许共性。

2. 对习语的理解

习语是一个民族语言特色的体现，语言反映文化的形式有很多，习语就是其中比较重要的形式之一。习语就像是一面镜子，它可以将民族文化中最显著的部分折射出来。英汉两种语言扎根于不同的文化，因此形成了不同的习语体系，这里需要指出的是，即使有些习语是不一样的，但是从文化的内涵出发，我们依然可以从不同文化中找到具有相似文化内涵的习语。

3. 社会规约

对于英语学习者来说，他们普遍存在一个这样错误的共识——扎实掌握英语语音、词汇、语法等知识就能顺利地进行跨文化交际。每个民族的文化都有着自己不同的风格，同一族群内部的人们能够了解自己的文化，因而用自己的语言可以顺利地实现交际，但是对于其他人来说，他们是无法了解特定族群的文化的，这是因为他们生长的环境不同，接受的教育不同，等等。当处于不同文化背景的人进行交际时，他们都会受各自族群内部的各种社会规约的制约，这种规约其实就是文化规约，它不仅包括风俗习惯、社会规范，而且还包括法律等。

因为人们总是了解自己母语文化的社会规约，对其他语言文化的社会规约并不了解，所以，当不同语言文化背景下的人交际时，他们有可能听不懂对方在讲什么，这就是我们所说的交际障碍。不同文化间的社会规约的差异性体现在日常交际的方方面面，既可以通过言语交际体现出来，也可以通过非言语交际体现出来。

跨文化传播障碍主要是由文化干扰导致的。在学习其他民族的语言的过程中，人们会习惯地将自己母语的表达方式与文化习惯套用到所学语言文化之中，这就容易产生认知上的偏差，并最终可能导致交际失败，这就是我们所说的文化干扰。文化干扰是无法实现不同民族的人之间的有效信息传播的。而在笔者看来，有效的信息传播应该包括以下三个要素：传播主体、接收者和经过编码的信息。任何一种交际都包括这三个要素，其中，在传播主体与接受者之间存在一个信息编码过程，这一过程对于双方了解对方的意思至关重要，同时，在这一过程中也最容易出现意义的曲解，甚至信息丢失问题。之所以会出现这一情况，主要有两方面的原因：第一，信息编码并不是固定不变的，它会随着时代的发展而不断变化；第二，传播主体与接收者总是习惯于使用自己民族的语言表达方式与文化符号，这导致传输的信息无法准确地被另一方接收到，这也是为什么在跨文化交际中总是会有一些不得体的动作或不礼貌的行为出现的原因。

跨文化传播的障碍有多种表现，其中一个比较明显的表现是文化休克。文化休克是人们对新环境产生的一种自然反应，或者是一种不适应新环境的反应。一个人从一个地方迁到另一个地方，自己原本已经习惯的文化程式已经无法与现在的环境相匹配，因此在与当前文化背景中的人交际时，他们往往会在心理上产生一种焦虑感，甚至严重的人还会诱发心理疾病。不过，这里笔者需要说明的是，文化休克是一种正常的现象，是在跨文化交际过程中无法避免的。

（二）深层文化障碍

1. 不同的思维模式

处于不同文化背景下的人们，其在观察客观世界时形成了不同的认知方式，这也使其在思维模式上产生了显著的差异。对于中西方文化来说，这种思维模式差异是存在的：东方文化强调整体性，而西方文化则比较重视单一的逻辑；东方文化重视感性，而西方文化则重视理性；东方文化重视领悟，而西方文化则重视分析。

思维模式可以影响语言的发展，一方面对词汇结构的形成产生影响，另一方面则会影响句法形式的产生与发展。从英汉两种语言来说，汉语是一种意合语言，强调语言表达的意义，词汇之间、句子之间依靠语法粘连的程度不大；而英语则是一种形义结合的语言，它非常重视形式，因为其形式是对意义的一种表达，在词汇、句子之间是需要靠语法手段进行粘连，以此表达一定的语义和逻辑关系。因此，从这个层面上来说，英语学习者在学习英语的过程中一定要注意比较东西方不同的思维模式，在比较思维模式的过程中提高学生的英语学习水平，进而提高学生的跨文化交际水平。

2. 不同的价值观念

中国文化目前已经形成了以儒家文化为主导的体系，儒家文化强调人们在交往中要谦虚，不能过于凸显自己。而与中国文化形成鲜明对比的是西方文化，西方文化强调个人主义，人们通过自己的努力可以获得自己想要的利益。中西方在这一价值观念上的不同可以从日常交际中体现出来，在交际过程中，中国人在观点表达时总是非常谦虚，即使是给别人提意见，也会非常委婉，但是西方人却并不了解中国人的这种做法，在他们看来，这是一种交际浪费，直截了当地表达自己的想法是比较好的。

3. 定势与偏见

定势是一种一个群体对另一个群体长期以来所形成的态度或信念。定势在真正形成之前只是对某一种文化的描述，但随着类似描述的不断增加、被复制，久而久之，定势便形成了。在大众传媒的影响下，人们对没有接触过的文化总是会产生一种先入为主的印象，这其实就是我们所说的定势。定势一旦形成就很难消除，这让人们在看待问题时总是掺杂了过多的个人色彩，当然，有些定势是正确的，但不少定势是错误的，而这些错误的定势就会影响跨文化交际的顺利进行，甚至还会造成跨文化交际障碍。

二、英语跨文化传播教学的原则

（一）平等原则

在英语跨文化传播教学中，教师需要给学生明确中西文化的关系，二者是相互依存、相互影响的，没有谁优谁劣之分，也就是说，两种文化是平等的，一种文化不能强行凌驾于另一种文化之上。学习英语的过程中，学习者肯定还要学习西方文化，这并不意味着西方文化要优于中国文化，而是因为为了更好地与其他民族的人进行交流，学习西方文化才是必要的。

文化平等就是要求英语学习者不能对自己的文化产生盲目的优越感，也不能无端对其他文化产生偏见，不能将自己的价值观当成衡量一切文化的标准。总之，跨文化交际的基础是文化间的平等，只有交际双方在平等的基础上进行交际，交际才能最终取得成功，只要有一方产生了文化优越感或者文化偏见，成功的文化交际就很难实现。这就要求英语教师在跨文化传播教学中，要将文化平等的思想注入每个学生的头脑中，并且让其在跨文化交际实践中去践行。

这里还需要明确的一点是，跨文化交际不仅涉及西方文化，也会涉及中国文化，在教学过程中，教师还要注意强调中国文化在跨文化交际中的重要性，鼓励学生在交际过程中传播中国文化。

（二）文化本位原则

英语跨文化传播教学强调文化本位。提高外语能力的前提就是母语知识与文化学习，这两部分内容的学习既可以帮助学生扎实掌握各种英语基础理论知识，而且还能帮助学生提高其跨文化交际能力。学习英语，了解西方文化是基本，而清楚认识本民族的文化，才会形成正确的文化观，才不会盲目模仿、崇拜别国文化，以致东施效颦。每一种文化都有自己的优势，学生通过学习西方文化与本民族的文化，可以了解到两种文化的差异，进而在学习英语时会自觉考虑文化因素。不得不承认，有些人总是认为外国的月亮比较圆，认为西方文化要优于中国文化，很明显，这是一种非常错误的认识，如果在跨文化交际过程中，一味地推崇西方文化，而不考虑中国文化，那么，交际者也不会得到西方人的尊重。因此，英语跨文化传播教学要遵循文化本位原则，教师要在教学过程中，强调本民族文化在跨文化交际中的重要性。

教师对文化内容的讲授应该遵循一定规定原则，这一原则通常为“实用为主，够用为辅”，对于具体的内容，则应该详细讲解，让学生学习完毕之后也要反复巩固所学。此外，文化内容体系本就非常复杂，教师在课堂教学中只能向学生传递一部分知识，因此，教师可鼓励学生在课下完成文化知识的补充，可以通过看英文原版电影实现，也可以通过阅读英文版西方经典著作实现。跨文化交际的过程是文化平等交流的过程，它既不是要盲目照搬西方国家的文化，也不是要彻底忽略本民族的文化。因此，英语跨文化传播教学的重点就是立足于本民族文化。

三、跨文化传播下英语教学的策略

（一）丰富教学方法

为保障跨文化传播下的英语教学质量不断提高，教师需要作出一定的改变。在选择教学方法时要考虑学生学习的需求以及教学发展的实际，这样教学方法才具有科学性，同时也与时俱进。比如，这是一个信息时代，信息技术给社会各领域带来了巨大的变革，教育领域也不例外，基于此，教师可以在跨文化英语教学中引入信息技术，创新英语教学方法——微课教学法、慕课教学法等，还要从网络上搜集大量的与国外文化相关的小故事、社会现象等素材，使学生能通过在线浏览、下载存储的方式利用手机、平板电脑等移动终端学习英语知识，为学生自觉体悟英语文化提供便利条件。与传统英语教学方法相比，微课具有内容丰富、重点突出、时间较短、浏览便捷等特点，同时能摆脱固有授课模式束缚，有利于学生经由移动平台运用自己的琐碎时间进行学习，可见，借助微课，学生的学习效率明显提高了，同时，微课也为学生不断了解、学习、体悟多元文化给予支持。教师还可运用小组合作英语教学方法，根据学情划分学习小组，各组内部可自行阅读文章，然后对学生在阅读过程中出现的问题进行讨论，然后对各组经过讨论后依然不能解决的问题进行汇总，之后教师根据总结的问题引导学生的学习思维，从而最终为学生的文化学习奠定基础。英语学习小组除了可以在课堂上加强互动之外，还可以在课下借助网络移动平台加强交流，交流可以通过微信群、QQ 群等实现，这样合作学习就彻底打破了时空限制，学生英语学习的效率也能进一步提高。良好的学习小组就是一个跨文化传播生态圈，在这个生态圈中，学生们彼此相互帮助，共同进步。在合作学习过程中，学生虽然是学习的主体，但是，教师在这一过程中依然发挥重要作用，当学生遇到无法解决的问题时，教师就可以适当地引导学生，这样也能进一步实现教学的有效性。

（二）创设对话文化环境

在日常对话中，学生是最容易出现语用错误的。这是因为在具体的对话中，交际会涉及使用语言与文化的规范性问题，它不仅受到对话时间、地点等客观因素的影响，而且也会受到交际者个性、情感等主观因素的影响。要想打造成功的对话教学，教师不仅要为学生创设与教学内容有关的实际语境，而且还要根据内容合理选择教学方法，同时还要多组织一些文化实践活动，让学生可以在愉悦心情的同时学习到各种文化知识。

教师可以在西方圣诞节当天组织学生举办英语晚会，鼓励学生准备英语节目，可以是英语演讲、英语小品，也可以是英语朗诵，而且为了进一步鼓励学生的参与，教师还可以在晚会结束后让学生投票选出英语表达清楚、节目好看的节目，并给予其一定的奖励。还可以创办以文化为主题的英语角等，同时可以邀请外国人参加，让学生近距离地接触外国人，了解西方文化。

教师还可以鼓励学生多参与校外实践活动，鼓励学生到外商独资企业中去考察或者实习，因为这类企业本身就是一个有着来自世界各地不同民族的人、充满多元文化的地方，学生在这种文化氛围中，可以体验到与中国文化完全不一样的西方文化，也能形成文化差异意识。

在课堂上，教师可以组织教学时进行角色扮演活动，这是一种重视学习体验的学习方法。教师根据教学内容给学生设计合适的情景对话，然后根据学生的学习水平以及性格特点分派角色，当角色分配完之后，学生就可以表演了。同时，教师要时刻关注学生的表演，对于学生在表演过程中出现的表达错误，教师要记录下来，待表演结束之后，可以给学生交代清楚，让学生可以了解自己在英语学习上存在哪些不足。

（三）改进教学体系

首先，拓展教学范围，创建“校、政、企”合作教学机制。教师要自觉肩负起培养学生跨文化交际能力的责任，在传授学生西方文化知识的同时，还要强调中国文化在跨文化交际中的重要性。企业对学生的要求越来越高，不仅要求学生有扎实的理论知识，而且还要拥有较高的英语技能，这要求教师在教学过程中不能只考虑大纲要求与学生需求，还要以市场需求为依托选择教学内容、方法等。大多数学生毕业之后必然面临着就业的问题，提前与企业人士交流，有利于让他们更好地投入工作中去。因此，教师可以定期从外企中邀请一些企业经营来给学生授课，讲解在企业管理过程中所使用的英语知识点，以及自己与外国同事因文化差异而产生的小误会等，这样就有效地将英语教学与企业文化、西方文化等连接在了一起。

第二，打造并践行“教、学、研”体系。在跨文化交际背景下开展英语教学活动，教师必须对相关知识有一定的学习与研究，学习西方与中国文化知识，研究英语教学的薄弱环节，这样英语跨文化交际教学才能实现良好的发展。

第三，推行“教、学、做”合一体系。这一体系中的重点内容是“做”，这也要求教师在开展教学活动时必须围绕学生的“做”来进行，也就是说，教师需要加强英语实践教学。例如，教师可以在课堂上使用“电影教学法”，电影是不少学生的最爱，从兴趣出发选择教学方法，是非常有必要的。教师可以根据教学内容为学生选择一部电影，先让学生观看电影，保证其对电影的情节、基本表达方式有清楚地掌握，然后可以让学生对这一部电影进行趣味配音，当配音结束之后，教师要对学生的配音成果进行评价。既要评价学生的情感、断句以及语气等方面的内容，还要评价学生的发音，从而从语言层面对学生的配音成果进行有效把握。电影是一种文化，是一种为大多数人所喜爱的文化，教师在对学生的配音作品评价完毕后，还可以延展这部分的内容，让学生用英语描述一下自己配音时的感受以及对西方文化的理解。

四、英语教学跨文化传播的注意事项

（一）正确处理教与学的关系

英语是一门非常注重实践性的课程，教师不仅要教授学生英语基础知识，提高学生的英语综合运用能力，而且最重要的是，教师还要培养学生的自主学习能力。倘若学生只是被动接受，没有时间练习和思考，就失去了学习的积极性。英语学习的中心是“学”而不是“教”，教师与学生都应该清楚的是，学生才是学习的主体，只有学生主动地开展学习活动，其学习质量与效率才能有所提高。也就是说，教师不能把自己当做英语课堂上的绝对权威，要给学生发言的机会，要让学生自己告诉教师自己的学习问题以及学习成果。

虽然我们强调学生在英语课堂上的积极性，但是这并不意味着我们要忽视教师在英语教学中的作用，与此相反，在学生自主学习的过程中，教师依然扮演重要角色，对学生的学习行为进行指导。此时，学生就成了英语课堂的设计者与管理者，而学生的角色也发生了变化，他们已经成为英语课堂上的分析者与解答者。此外，每个学生都具有明显的差异，因此，教师应该摒弃过去统一的教学方法，根据学生的具体个性特点进行教学方法的调整，以找到合乎学生需求的方法。

（二）正确理解教材与教学的关系

英语教材的编写除了要考虑知识体系的系统性之外，还要考虑学生的发展问题。教材是教师进行英语教学的主要依凭，学生学习的知识首先也是源自教材，因此，教材的内容应该是关键。内容除了要呈现英语知识与技能之外，还要尽可能地贴近学生的生活，此外，还要保证内容的全面性，要涉及多学科知识，不仅要涉及自然科学方面的知识，而且还要涉及社会科学方面的知识。同时，为了让学生可以将课堂上的所学运用起来，教师可以为学生多设计、组织一些新颖、有趣的活动，让学生可以在活动中学习新的知识，践行旧知识。最重要的是，不能为了符合语法教学的要求而编写出一些在英语国家根本就不会出现的对话。如果真的必须出现这一情况时，就需要在旁边注明这一对话在何种语境下使用。总之，英语教材编写者不能随心所欲，其编写的教材要符合素质教育的要求，同时还需要遵循英语教学的规律。

教材是死的，但是教师是活的，教师在使用教材时最好不要盲目信教材，而是要有自己的想法。教师在开展教学活动时，以教材为基础，但不能将教材作为教学的全部，要围绕学生的学习需求进行，只有这样，教学才能焕发出较强的生命力。教师还可以根据教材开展实践教学活动，通过教材内容为学生设置相关情境，使其能够从情境中完成知识的学习。在使用一些特定教材时，教师需要根据学生的情况为其提供一些自学材料，这样还能提高学生的自主学习能力。

总之，教材并不是英语教学的全部，教师还需要从网络上为学生多搜寻一些资料，以充实教学内容，扩大学生的视野。

（三）正确处理语言知识和语言技能的关系

语言知识的内容非常丰富，包括常见的语音、词汇以及语法等知识，语言技能也非常丰富，包括听说读写译等。语言知识与语言技能之间的关系是相互影响的关系，一方面，语言知识能够促进学生掌握一定的语言技能，另一方面，语言技能又能进一步深化学生对语言知识的认识与理解。需要指出的是，学生在进行听说读写译技能训练时，可能在语言知识的准确性与语言技能的流利性方面产生一些矛盾，但是这些矛盾并不是不能消除的，只要学生处理得当，矛盾就会很容易被消除。

准确性与流利性并不是天然的矛盾的存在，它们其实关系非常密切，总是受到另一方的影响。准确是流利得以实现的前提，如果没有准确，流利是绝对不可能存在的；而流利对准确来说也同样至关重要，如果没有了流利，人们就无法在跨文化交际中实现准确、恰当的交流。

（四）培养学生主动学习、自我完善的意识

教师不仅要将自己所了解的知识传授给学生，同时也需要不断提高学生分析、总结、归纳知识的能力。比如，在学生学习英语词汇遇到困难时，教师要对学生进行积极的引导，引导学生自己去分析、解决问题，从而保证学生在下一次学习时可以自行探索、解决问题。

从现阶段的教学实际来看，教材依然是教师开展英语教学活动的主要凭据，利用教材，教师可以引导学生进行英汉语言、中西方文化的比较，在对比分析中了解英汉语言、中西文化的异同，从而不断强化自己的知识学习，同时更能培养自己的跨文化交际意识。

此外，任何学习活动都应该是以学生为主体的活动，在英语学习过程中，学生应该是学习的主体，这就要求教师在教学过程中要自觉地放手，让学生自己去主动探究学习活动，也就是要进行自主学习活动。学生自主学习的过程就是其不断自我完善、自我发展的过程。

第四节　开展自主学习

一、自主学习解读

（一）自主学习的内涵

不同学者从不同层面对自主学习进行了界定，因此，自主学习有许多不同的含义。在笔者看来，认识自主学习可以从广义与狭义两个层面上来看。

从广义层面上来看，自主学习是一种学习活动，人们为了完成这种学习活动会自行选择合适自己的学习手段与途径。

从狭义层面上来看，自主学习是由教师对学生进行引导的教育实践活动，经过教师的引导，学生可以进行创造性的学习。

对任何一个学生来说，自主学习都是非常重要的，因为他们不可能都依靠教师来学习，独立的思考能及时帮助他们形成自我意识，养成自己的学习习惯。

（二）自主学习的特征

1．创造性

在自主学习活动中，学生都是独立存在的，他们往往都保持着自己鲜明的个性。教师依然在学生自主学习活动中发挥重要作用，教师选择合适的教学方法去贴合学生的学习活动，同时当学生遇到问题时，教师也会第一时间伸出援助之手。学生的学习其实并不像一般人想象得那么容易，其学习过程是不断激活、巩固旧知识，学习新知识，将新旧知识连接起来的过程；学生的学习也不是去复制别人学习方法的过程，是对自己学习活动进行管理的过程，通过管理自己的学习活动，不断掌握新的学习方法，创造性地解决问题，发展自己的能力。

2．有效性

从本质上来看，自主学习就是学生通过一系列恰当的手段让自己的学习可以最终实现最大优化的过程。从自主学习的出发点以及目标来看，学生就是要将那些影响自己学习活动的因素进行优化，以使整个学习活动可以达到最大优化。通常情况下，一个学生自主学习的水平越高，就说明其整个学习过程的优化程度越高，其最终的学习效果也最好。

3. 自主性

对于任何一个人来说，在经历了对客观世界的认知之后，其都会具有自己鲜明的个性，能够进行各种独立自主的创造性活动。对于学生来说，他们在学习过程中也会具有这样的一种独立的意识，促使他们主动、积极地投入学习之中，自主完成学习计划的调整、学习风格的形成、学习结果的评价等。

学生在学习活动中的自主性一般可以有以下几个方面的表现：第一，具有自己独立的主体意识，能对自己的性格、学习情况有清楚的认识与把握；第二，具有非常明确的学习目标，并且为了这个目标的实现会树立积极的学习态度；第三，能将教材上的知识做到清楚了解、消化，并最终内化为自己知识结构体系的一部分，不过，这一过程可能需要教师的引导，因为有些学生的能力毕竟有限；第四，能对影响自己学习活动的各种主客观因素有清楚的了解，进而在分析这些因素的基础上完成自己的教学活动，保证学习的有效性；第五，可以自主把控自己的学习活动，无论是学习计划的制定、学习内容的安排，还是学习方法的选择等。

二、跨文化英语教学中学生英语自主学习能力的培养策略

（一）全面提升教师的跨文化素质，树立正确的观念

在跨文化英语教学中，教师的作用不容忽视，因此，必须对教师加强必要的文化素质方面的培训，以保证教师可以有资格对学生开展教学活动。还要引导教师树立正确的跨文化教育观念，毕竟文化教育工作极其复杂，一开始教师就必须从理念上做到准确把握，这样学生才能在教学活动中对学生进行正确引导。

可以在全校范围内对教师展开培训，让教师彼此分享自己的教学经验与成果，同时，也可以聘请该领域有名的教师与专家到学校举办讲座，从而让本校教师可以学习到更加先进的教育方法。

（二）正确引导学生进行自主的跨文化英语学习

跨文化教学活动是教师与学生的双向活动，教师应该认识到这一问题，不能一味地对学生进行知识传授，也应该考虑学生在教学与学习过程中所发挥的作用。也就是说，在教学过程中，教师要能对学生的学习心态进行正确引导，要让学生明白虽然教师可以帮助学生学习，但是学习始终是学生自己的事情，尤其是提升文化修养这方面的内容，必须由学生自主完成。但是，这并不意味着教师不需要参与学生的跨文化英语学习活动，恰恰相反，教师在学生自主的跨文化英语学习中依然发挥不小的作用，其需要在与学生的交流中了解学生的学习动态，掌握学生在学习过程中遇到的问题，从而对学生的学习活动做出正确的引导，这样学生的自主学习效率才能真正有所提高。当然，教师要把握好自己参与学生学习活动的度，因为毕竟说到底学习是学生自己的事情，教师不必参与过多，以免学生养成对教师的依赖。

（三）学校加强对于学生的管理，减少干扰因素

与高中的管理相比，大学管理相对比较宽松，学生所处的学习环境也是如此，这导致不少学生开始降低对自己的要求，也不好好学习。所以，必须对学生加强管理，对于那些能够影响学生学习的消极因素，必须帮助学生及时清除，这样，学生才能心无旁骛地开展自主学习活动。

（四）教学手段现代化

时代不断发展，各领域都在变革，教师也应该意识到，英语跨文化教学也不是固定不变的，教师必须从教学理念、内容、方法等方面做出变革。教师要秉持以人为本的教育理念，关注学生的学习需求；教师要不断充实自己的跨文化知识，并将所学及时补充到英语教学体系之中；这是一个信息时代，各种基于信息技术的教学方法开始在英语课堂上大

放异彩，教师必须意识到这一点，在英语跨文化教学中主动使用各种新的教学方法，从而让英语课堂变得生动。

现阶段，翻转课堂是不少教师非常推崇的一种教学方法，它翻转了教学的流程，学生在课下通过观看视频提前完成相关知识的自主学习，这极大地提高了学生的自主学习能力，同时也在一定程度上解放了教师，教师只需要在课堂上讲解学生在课前自主学习过程中的疑难问题即可，剩下的课堂时间，教师则可以进一步延伸知识内容，让学生可以从多方面了解跨文化知识，培养跨文化交际能力。

参考文献

[1]徐菁. 英语教学与文化融合研究[M]. 西安:西安交通大学出版社,2017.08.

[2]薛金梅. 文化全球化与英语跨文化教学[M]. 哈尔滨:北方文艺出版社,2022.07.

[3]邓婧. 英语教学与文化融合[M]. 长春:吉林美术出版社,2017.06.

[4]郭晶晶. 跨文化交际与英语教学的融合研究[M]. 北京:北京工业大学出版社,2019.08.

[5]李海超. 探索与实践中国传统文化与高中英语教学的融合[M]. 兰州:甘肃文化出版社,2021.07.

[6]王静. 跨文化交际视域下英语教学理论与实践融合研究[M]. 北京:中国书籍出版社,2022.07.

[7]李清著. 英语跨文化教学研究[M]. 长春:吉林人民出版社,2020.09.

[8]袁婷,牛晓莉,黄婧. 跨文化交际与英语教学融合途径研究[M]. 北京:中国商务出版社,2023.07.

[9]洪颖. 文化融合思维与英语教学研究[M]. 长春:吉林出版集团股份有限公司,2020.04.

[10]陈宗博. 文化融合思维与英语教学研究[M]. 长春:吉林科学技术出版社,2020.09.

[11]郗杨. 文化融合思维与英语教学研究[M]. 哈尔滨:哈尔滨出版社,2020.08.

[12]唐旻丽,崔国东,盛园. 跨文化视角下的英语教学理论与方法探究[M]. 长春:吉林人民出版社,2021.05.

[13]莫婉妮. 英语教学与文化融合研究[M]. 北京:北京工业大学出版社,2019.11.

[14]龙春秀,秦晓梅.英语教学与文化融合[M].长春:吉林大学出版社,2016.04.
[15]张健坤.跨文化交际英语教学与研究[M].北京:冶金工业出版社,2019.10.
[16]节娟娟.中国传统文化与英语教学的融合与渗透研究[M].北京:中国大地出版社,2019.08.
[17]潘琴.英语教学与文化融合研究[M].长春:东北师范大学出版社,2016.12.
[18]李松颖,李文婷,周钢.英语教学与文化融合理论探究[M].长春:吉林大学出版社,2016.10.
[19]郭敏,余爽爽,洪晓珊.外语教学与文化融合[M].北京:九州出版社,2018.06.
[20]刘潜.语言学与英语教学融合探索[M].长春:吉林出版集团股份有限公司,2022.12.
[21]胡宇涵.英语教学及其媒体融合视角探索[M].长春:吉林人民出版社,2020.06.
[22]霍然.跨文化英语教学研究[M].长春:吉林出版集团股份有限公司,2019.05.
[23]何冰,姜静静,王婧.现代跨文化英语教学与课程设计研究[M].长春:吉林人民出版社,2019.10.
[24]阮国艳.跨文化交际英语教学与研究[M].北京:中国纺织出版社,2020.06.
[25]朱慧阳.英语教学与跨文化交际研究[M].长春:吉林出版集团股份有限公司,2021.04.
[26]陈夺.基于跨文化交际的英语教学研究[M].长春:吉林出版集团股份有限公司,2021.08.
[27]周榕,刘敏,王韵青.英语跨文化教育教学研究[M].长春:吉林人民出版社,2020.10.
[28]申慧丽,刘鹏,杨洁.跨文化视域下英语教学转型与创新[M].北京:中国书籍出版社,2023.01.

[29]曲琳琳.跨文化视野下英语教学研究[M].天津:天津科学技术出版社,2020.04.
[30]张鹏,杨璐.多元背景下英语教学与跨文化交际研究[M].长春:吉林大学出版社,2022.06.
[31]贾芳,王禄芳,刘静.跨文化视域下的英语教学探究[M].长春:吉林人民出版社,2022.05.
[32]郭晶晶.跨文化交际与英语教学的融合研究[M].北京:北京工业大学出版社,2019.08.